誰でもできるのに
9割の人が
気づいていない、
話し方・つながり方

今井孝

幻冬舎

誰でもできるのに
9割の人が
気づいていない、

話し方・つながり方

人間関係から自由になりたい人へ

本書を手に取っていただきありがとうございます。

もしあなたが、

「初対面の人と話す時に緊張する」
「会話が続かなくて困ってしまう」
「自分の思いをうまく伝えられなくて悔しい」
「商談やプレゼンで緊張してうまく話せない」
「説得力がなくて誰もちゃんと聞いてくれない」
「話し方で損していると感じている」
「もっと人と楽しく話したい」

ということでご自身の話し方に苦手意識を持っているのであれば、本書はあなたのために書かれた本です。きっとあなたのお役に立てると思いますので、このまま読み進めてください。

はじめに、想像してみてください。

すべての人が、あなたの味方だったらどうでしょうか？

誰もがあなたを受け入れてくれるので、どこに行っても居場所があります。

どんなことをしても認めてくれて、応援してもらえます。

あなたがやりたいことを、たくさんの人が協力してくれます。

もし、そんな世界だったら、どんな気持ちでどう過ごすでしょうか？

誰にどう思われるかをいちいち気にする必要もなく、わざわざ他人に認められるために苦手なことをする必要もありません。

みんなが協力さえしてくれるのであれば、やりたいことだけをする人生を生きるのではないでしょうか。

本書の目的は、人間関係の悩みから解放され、あなたが理想の人生を生きていくことです。

周りが自分の味方だらけになれば、そんなことも可能になるのです。

そのために避けて通れないのが「話し方」です。

話し方については、多くの人がコンプレックスを持っています。あなただけではありません。

うまく自分の思いを伝えられず、いろんな場所で損をしていることもあるでしょう。

自分と同じくらいの実力なのに話し方がうまい人が周りから評価されているのを見て、悔しい思いをすることもあると思います。

しかし、安心してください。

本書を手に取ったからには、話し方や人間関係の苦手意識をスパッとなくしていただきたいと思います。

しかも、それは思ったより簡単です。

実は、人間関係を良くするために、今のあなたの話し方を変える必要はありません。

プロの講演家や芸人さんのようにならなくていいのです。

本文でこれから解説するポイントを押さえれば、慣れない場所でも、格上の人の前でも緊張しないでいることができます。口べたのままで上司やお客様に評価されることもできます。さらには、口べたのままトップ営業マンや経営者になる人もいます。

このような結果を得られるようになるには、どうすれば良いのでしょうか？

9割の人が見逃している！　話し方以前の重要ポイントとは？

私は、**好きなことで収入を得て、自由に生きていきたい人のサポートを専門にしています。**毎年１００人以上の方が私のところに来られます。

多くの人が自分の居場所を見つけ、周りに認められ、そして仲間に応援されながら自分のやりたいことに邁進《まいしん》されています。

そんな人間関係を築くために必要なのは、話し方のテクニックではありません。それよりももっと重要なことがあるのです。

そのカギは、**実はすでにあなたの中にあります。**今から何かを付け足す必要はないのです。

詳しくは本文で解説していますが、あなたの中にすでにあるものを明確にすれば、今の話し方のままで愛されるし、評価されるし、周りが味方になってくれます。

それに、これも本文で述べていますが、世界中の人を味方にする必要はありません。特定の数人があなたの味方になってくれれば十分です。その人たちとつながるだけで人生は大きく変わるのです。

理想の人間関係を手に入れるための必須項目

本書では、話し方の単なるテクニックではなく、周りの人に愛されて、評価されて、影響力を与えられるようなコミュニケーションの重要なポイントについて、わかりやすく順を追って解説していきます。この通りにすれば、周りとの良好な人間関係をスムーズに築け、応援してくれる仲間とつながることができます。

第1章では、「誰とでもうまく話すという幻想を捨てる」というテーマで、あなたの理想の人生を手に入れるために、そのままの話し方で問題ないことを解説します。高度な話し方のテクニックを身につける必要がないことを理解できるので、口べたの人や人見知りをする人には勇気と希望を感じていただけることでしょう。

第2章では、「コミュニケーションの一番のポイント」について解説します。これを知ることによって、話し方のコンプレックスの大きな部分が解消するのではないでしょうか。そして、今まで苦手だと思っていた人と、普通に接することができ、さらには、あなたの味方になってくれる人も出てくるでしょう。

第3章では、「話すスキルに頼らずに人間関係を築く方法」について解説します。人に好かれ、人に認められる人は、話し方だけに頼っているわけではありません。それ以外にも工夫できることはたくさんあるので、口べたな人にとってはたくさんの武器を手にしていただくことになります。

第4章以降では、「つながり方」について解説します。まずはつながるために必要な「共感されるポイント」に焦点を当てていきます。話し方がうまくても共感してもらえないことは多々あります。逆に、朴訥《ぼくとつ》とした話し方なのに共感される人もいます。いったいどこが違うのでしょうか。

第5章では、「口べたのまま人を動かす」がテーマです。あなたに協力してくれる人とどうやってつながるか？　周りの人をどうやって応援者に変えていくか？　ということを解説していきます。

これらのことを学ぶことで、あなたの人生はどんどん変わっていくことでしょう。

周りの人がすべて味方になる世界へ

本書を実践して、話し方や人間関係のコンプレックスがなくなったら、あなたは何を実現したいですか？

「え？　ただ、話し方をなんとかしたいだけなのだけれど……」

と思った方もいるかもしれません。

しかし、本書を手に取ったということは、**話し方を通じて手に入れたい理想の人生**というものがあるはずです。ただ話し方がうまくなったけれど、人生は何も変わらなかったら意味がありませんよね。

実は、**話し方を通じて手に入れたい未来は大きく3つに分類できます。**

ぜひ、あなたが手に入れたい未来を明確にしながら、本書を読み進めてください。

今の時代は、人と人とのやり取りで経済が成り立っているので、すべてのものは他人がもたらしてくれます。ですので、周りが味方であれば、すべてのものを手に入れることができるのです。つまり、今の自分に何もなくても、やりたいことが実現してしまうということです。

そして、多くの人に応援される人は、自分だけでなく他の人を幸せにする力も手に入れることになるのです。

いったいあなたにはどんな世界が待っているのでしょうか？

さあ、ページをめくって、新しい世界への一歩を踏み出していきましょう。

誰でもできるのに9割の人が気づいていない、話し方・つながり方　目次

第2章 コミュニケーションはキャラ設定で9割決まる

話し方 その二

第3章 話すスキルに頼らずに人間関係を築くには？

話し方 その三

第4章 人はこうやって共感される

つながり方 その一

第5章 口べたのまま人を動かす つながり方 その二

企画・編集　木田明理
カバーデザイン　山家由希
DTP　美創

第1章

誰とでもうまく話すという幻想を捨てる

話し方 その一

「話し方さえうまくなれば……」というあなたへ

誰とでも気軽に楽しく話せる。

自信を持って営業ができる。

たくさんの人を魅了するプレゼンができる。


そんなふうになれたら、嬉しいと思いませんか？

人気の芸人さんやインフルエンサーのように話せたら、人生が大きく変わるかもしれません。

そこまでは望まなくても、日常的に困っていることがスッパリ解決するかもしれない、と考える人もたくさんいるでしょう。

人と会っても緊張しなくなるし、会社や家庭、そして友人関係の悩みからも解放されるし、人気者になれるし、社会的な成功だって夢じゃない、素晴らしい人生を手に入れられるかもしれないと。

あなたがこの本を手に取ってくれたのも、そんな期待からではないでしょうか？

もしかしたら、あなたは今まで、緊張したり、頭が真っ白になったり、人前で恥をかいたり、理解してもらえずに悔しい思いをしたり、話し方で苦い経験をしてきたのかもしれません。

そして、上手な話し方を身につけようと、これまでさまざまな努力を試されてきたことと思います。

しかし、ちょっと待ってください！

あなたの理想の人生は、今のあなたのままでも叶えられます。

つまり、**うまい話し方ができなくても、あなたの望む未来が手に入るのです。**

多くの人は話し方を改善することで、「人生を変えたい！」と考えるのですが、なかなかうまくはいきません。

話し方のテクニックをただ学んでもダメなのです。

なぜなら、**話し方以前に押さえておくべき重要なポイント**があるからです。

逆に言えば、そこをしっかり押さえれば、口べたでもコミュニケーションが円滑になり、人間関係も良くなるし、周りから評価され、意中の人から愛されたりするようになります。

実際、私もそういった人に何人もお会いしています。

例えば、印象に残っているのが次にご紹介するこの経営者です。

口べたで成功している社長の話

以前、ある経営者の集まりに出席した時のことです。

場所はイタリアンレストラン。

6人掛けのテーブルで経営者たちが話していました。

成功している人ばかりなので、みんなエネルギッシュだろうし、情報交換も兼ねていろんな会話が飛び交うものと想像していました。

しかし、同じテーブルになったメンバーの中に、とても寡黙な人がいました。**ちょっと口べたなだけかと思ったら、2時間ほど本当にしゃべらず、話を聞いているだけなのです。**

他のメンバーは彼を知っているようで、特に気を使うこともなく話していました。

あとであいさつをしたところ、**彼は多数の社員を抱える会社の経営者**でした。

私と話す時も、彼は照れくさそうにはにかみながら、聞かれたことに答えるぐらいでした。

こんなに静かで寡黙な人でも、何十人もの従業員の上に立つ経営者として成功できるのだと、非常に驚いたことを覚えています。

ただし、物静かな中にも、とても伝わってくるものがありました。これが、話し方以前に大切なポイントなのですが、詳しくは後述します。

また、トップ営業マンとして活躍した人を3人ほど知っていますが、彼らも実は口べたです。

上場企業で営業成績1位を何度も獲得し、その後、独立を果たしている人たちですが、とても物静かです。2人きりだとすぐ会話が途切れて沈黙が訪れます。

先日、そのうちの一人と、とあるパーティで会ったのですが、彼は会場の端っこの椅子でグッタリと座っていました。「人が多くて疲れた」のだそうです。

このように、**成功を収めている経営者やトップ営業マンでも、みんな話し上手というわけではありません。**

理想の人生を手に入れるために、必ずしもうまい話し方は必要ないのです。

ただ、彼らも話し方以前に重要なポイントをしっかり押さえていたということは付け加えておきます。

話が盛り上がらないのは本当にあなたの責任？

話し方に苦手意識がある人ほど、コミュニケーションがうまくいかない時に、

「自分に原因があるのではないか？」

と考えてしまいます。

しかし、それは本当にあなたの責任でしょうか？

実は、私も自分にふがいなさを感じていたのですが、ある時、**「そこまで自分は悪くないのかも」**と思える経験がありました。

40歳の時、高校の同窓会がありました。学年全体が集まる大規模なものです。

実は、高校3年生のクラスがいまいち盛り上がらないクラスでした。

体育祭、学園祭なども一体感なくダラダラとこなすだけで不完全燃焼のまま卒業を迎えたことを覚えています。

私はクラス委員で、そのことにひそかに責任を感じていました。

しかし、あれから20年以上経って、みんな大人になったので、「さすがに同窓会では、それなりに会話をするのだろうな」と想像しながら会場に行ったのですが、結果は違いました。

3年生のクラスで集まってみると、当時と同じ盛り上がらない雰囲気で、まったく会話が弾まないのです。私はなんともいたたまれない気持ちになりました。

しばらくして、今度は2年生のクラスで集まる時間になりました。

するとどうでしょう、**今度は打って変わって話が大いに盛り上がるのです！**

2年生のクラスはとても仲が良く、20年経っても自然に言葉が湧き出てきて、冗談を言って盛り上がりました。私もどんどん言葉が出てくる自分に驚くほどです。数分前とは大違いでした。

ふと見てみると、3年生のクラスで一緒だった同級生が、2年生のクラスでは楽しそうに話をしていました。

それを見て私は腑に落ちました。3年生のクラスが盛り上がらなかったのは、自分が悪いわけではなかったのです。もちろん他の同級生のせいでもありません。

ただ単純に、相性の問題だったのです。

それがわかって、私はとても癒された思いがしました。

「自分のせいじゃなかった」

そう納得できてホッとしたのです。

このように、**人間関係がうまくいかない原因の多くはただの相性です。**普通なら友達にならない人とも、仕事や近所付き合いではうまくやっていく必要があります。ですので、現代社会ではみんな苦労するのです。

なのに、それをすべて自分の責任だと勘違いすることはよくあります。

「また上司を怒らせてしまった」

「また後輩や部下がいじけてやる気を失った」

と、自分を責めてしまうのです。

しかし、実は上司が「誰にでも怒る人」だった、ということはよくあります。

実際、私が新入社員時代のある上司もそうでした。周りの人は「あの人、またムッとしてたね」と休憩室で笑い話にしていました。

また、誰が指導してもいじけやすい後輩もいるでしょう。

その人に合わせた言い方や伝え方は必要ですが、１００％あなたの責任というわけではありません。

繰り返しになりますが、コミュニケーションがうまくいかないのは、あなただけの責任ではありません。そこまで自分を責める必要はないのです。

話し方を「料理」に置き換えてみる

しかし、どうしてそこまで自分を責めてしまうのでしょうか？

実は、人は**自分が苦手意識を持っていることについては、必要以上に大げさに考えてしまう**ものなのです。

これは、「話し方」以外のことで言うとわかりやすいかもしれません。

例えば、まだ私の子どもが小さい時、私は料理をまったくしていませんでした。

たまには自分でお弁当を作ろうかという話になったのですが、料理が苦手な私はそ

の時、

「じゃあ、料理教室にでも行くか」

と考えてしまいました。

しかし、これは大げさに考えすぎです！

わざわざ習いに行かなくても、ソーセージを焼いて、ミートボールを電子レンジで温めて、卵焼きを作ってなど、私が作れるレベルのお弁当で十分なわけです。

しかし、**その時の私は料理をあまりしなかったので、ついつい大げさに考えてしまった**わけです。

他にも、ＩＴが苦手な人は、ものすごく専門的なことまで勉強しようとしてしまいます。ブログやＳＮＳが使えればいいだけなのに、なぜかプログラミングを習いに行く人もいました。

英語の場合も、苦手意識が強い人ほど、外国人が日本語で話しかけてきても逃げてしまいます。身振り手振りだけでも良いはずなのに、ちゃんと話せないといけないと考えてしまうのです。

つまり、コンプレックスが強くなりすぎて、それを重要視しすぎてしまうのです。

そして、

「ＩＴさえできれば」

「英語さえ話せれば」

「話し方がうまければ」

と、自分が苦手意識を持つ対象を、ある意味「神聖化」してしまうのです。その結果ますますコンプレックスから抜け出せなくなり、自分はダメだと思うようになるわけです。

話し方はただのツールにすぎない

しかし、そこまでコンプレックスを感じる必要はありません。

例えば、「ＩＴ」はただのツールですよね。

ＩＴで仕事を効率化し、コミュニケーションを円滑にすることが大切なわけで、Ｉ

T自体が目的ではありません。これはわかりやすいと思います。

そして、同じように「英語」もただのツールです。

通じさえすれば良いので、ネイティブのように話せる必要はありません。

私は学生時代にバックパッカーをしていましたが、海外旅行は単語だけで十分でした。文章にしようとしたほうが逆に伝わらないぐらいです。

スペインの田舎では英語も通じませんでした。帰国の前日に電車が走っていないとわかった時は、必死の形相で駅員さんに「明日！」「空港！」とスペイン語で言ったら、長距離バスの乗り場に連れていってくれて事なきを得ました。

こんなふうに、**目的を達成するためには、必ずしもそのツールを完璧に使いこなす必要はありません。**

「話し方」も同じことです。話がうまい誰かを目指す必要はありません。目的が達成できるレベルで十分なのです。

それに、話し方だけを磨いても目的が達成できないこともあります。

例えば、話が面白くて誰とでもしゃべれるけれど、売上にはつながらないという人もたくさんいます。合コンなどでも、話をワイワイ盛り上げた人が帰り道に一人きり、ということもあるでしょう。

大切なのは、自分の叶えたい夢や目標を実現させることです。話し方は、あくまでそのためのツールであり手段の1つにすぎません。

こんな話し方でもセミナー講師ができる

私は仕事柄、人前でお話しする機会がたくさんあります。

10人規模の小さいセミナーもあれば、千人規模の講演会もあります。

そして、私のセミナーを受けた人によくこんなことを言われます。

「そんなしゃべり方でいいんですね、なんだか安心しました」

「今井さんみたいな話し方でもいいのか！　って、勇気が出ました」

なぜ、こう言われるかというと、私は話し方が普通だからです。

セミナー講師というと、一般的に「エネルギッシュで流暢《りゅうちょう》にしゃべる」というイメージかもしれませんが、私はそういうタイプではありません。

ゆっくり、とつとつと、考えながら話します。

周りには、情熱的な語りで人の心に火をつける講師たち、感動で心が震えるようなストーリーを語る講演家など、話のうまい人がたくさんいます。

以前は、それに憧れて、「あんなふうに自分も話したい！」と思っていました。

しかし、**いくら目指しても彼らのように話すことはできないと悟りました。まったくキャラが違うのです**。

そこで観念して、私は私なりのスタイルで話すようにしたら、それで喜んでくれる人がいるということがわかりました。

私の一番の目的は、挑戦する人たちの夢を応援することです。その人たちが自信を持って一歩ずつ進み、夢を叶えることです。

それが実現できれば、話のうまさなんて関係ありません。

ですので、私は私なりの話し方で精一杯頑張って貢献していこうと決めました。

以来、私は話し方のスタイルを変えずにここまでやってきました。

普通の話し方でもセミナー講師を長年務めることができています。情熱的でも流暢でもありませんが、少し笑いの要素を入れた自分なりの話し方で、多くのクライアントに成果を出してもらっています。

そのおかげで講演の依頼をもらい、自分の講座にも毎年たくさんの方が参加してくれ、さらに、本を出す機会にも恵まれ、こうしてあなたに本書を読んでもらうこともできています。

ですので、安心してください。

話し方に正解はありません。

そして、うまく話すより、もっと大事なポイントがあるのです。

それを知れば、あなたの人生はガラッと好転していくでしょう。

話し方でこれを目指すと失敗する

話し方に関しては、

「こんなふうに話さなければならない！」

と囚われすぎると余計にうまくいきません。

ここでは、そうした「話し方」に関してよくある思い込みや囚われを見ていきます。

●沈黙になってはいけない

沈黙を過度に恐れ、場をつなぐために必死に話題を考えて疲れてしまう人もいます。

しかし、そこまで沈黙を恐れる必要があるでしょうか？

沈黙なんてせいぜい数分です。会食や交流会でふと会話が途切れた瞬間やエレベーターの中なら数十秒ぐらいの時もあるでしょう。

逆に、長時間の移動の車内であれば、ずっと話しているほうがおかしいでしょう。

沈黙はちょっと気まずいかもしれませんが、ただそれだけです。実害があるわけではありません。

二度と会わない人なら気にしなくても構いません。また、ランチでは沈黙するけれど、仕事では普通に会話があるなら、それも問題ありません。

沈黙以外にも、気まずかったり、居心地が悪かったりするシチュエーションはたくさんあります。そうした場合どうすればいいか、個々の事例について第2章でご紹介しています。

●会議で自分の意見を堂々と発言すべき

会議で発言をしないと役に立っていない、という考え方もあります。

しかし、そう考えると余計にプレッシャーになる人も少なくありません。「いいことを言わなきゃ」「的外れなことは言ってはいけない」と考えて、余計に何も言えなくなってしまうのです。

そんなことを言われても、勉強のために参加している場合もあるし、意見がない時もあります。何がわからないかすら、わからない時だってあるのが普通です。

私も、会社に入って数年は会議で意見を言えないのがコンプレックスでした。質問も意見も思いつきませんでした。

しかし、次第に仕事を覚えると、会議でも自然に発言するようになるものです。

会議では、「良いこと」を言う必要はありません。それよりも大事なポイントがあります。そのために必要な考え方については、第2章で解説します。

●少しでも自分を大きく見せるべき

営業や交流会、友達との集まりなどで初めての人と会う時、「自分を少しでも大きく見せたい」という気持ちは誰もが持ちます。

ところが、**いくら大きく見せようとしても、本物の小さい自分は相手にバレてしまいます。無理してカッコつけても、そのうちボロが出てしまうのです。**

それに、自分を大きく見せようとするから余計に緊張するし、人間関係で疲れてしまうのです。

そんなところにエネルギーを注ぐより、素のままの自分でいるほうが、本当は人は魅力的に見えるものです。

ありのままの自分でいる重要性についても、第2章でお話しします。

●アドリブ力を身につけなければならない

話し方にコンプレックスのある人ほど、アドリブというハイレベルなことを目指そうとしてしまいます。

そして、すぐに「自分には無理だ」と打ちひしがれ、余計に苦手意識を強めてしまうわけです。

実は、話のうまい人はアドリブで話しているように見えて、準備をしていたということもよくあります。

詳しくは第3章で解説します。

●緊張しないでプレゼンできるようになるべき

客先でのプレゼンや講演会など、人前で発表する時は緊張します。

話し方さえうまくなれば、こうしたプレッシャーとさよならできると思っている人も多いでしょう。

しかし**プレゼンの場では基本的に誰でも緊張する**ものです。どんなに堂々と話しているように見える人でも例外ではありません。

それに、重要なのは緊張しないことではありません。

緊張していても構わないので、大事なのはそのプレゼンの目的を果たすことです。

詳しくは、第4章で説明します。

●議論で負けてはいけない

SNSや討論番組などでは、論客たちが相手を論破して打ち負かす場面がよく見られます。

すると、論破して勝つことが良く思えてくるかもしれません。

しかし、冷静に考えると、日常でそんなことをしていれば周囲から人がいなくなってしまうだけです。

議論になっても勝とうとしないでください。ほとんどの場合は軽く受け流しておけば問題ありません。

議論に対しての心構えについては、第5章で説明します。

●第一印象が大事

第一印象は大事だと私も思います。

しかし、その考えが度を越して、「第一印象が悪ければすべて終わり」と考えてしまう人もいます。

そうすると、人との出会いが一発勝負になってしまい、ものすごく緊張してしまいます。当然空回りしますし、せっかくの出会いもうまくいかせません。

第一印象は大切なのですが、人と人とのコミュニケーションはそこまで単純なものではありません。2回、3回と丁寧に交流を重ねていけば、いくらでも挽回することができます。

これについては第5章で詳しく説明しています。

●誰とでも楽しく話ができるようになるべき

ある人が小学生の時に、当時の先生がクラス全体に、「みんなと仲良くしましょう」と言いました。その時彼女は「そんなの無理！」と思ったそうです。

彼女はなぜそう感じたのでしょうか？

よくよく話を聞いたところ、彼女のイメージでは「みんなと仲良く」というのが、「すべてのクラスメイトと親友レベルで打ち解けなければいけない」ということだったそうです。これはさすがに無理でしょう。

学校の先生が言う「みんなと仲良く」というのは、そういう意味ではありません。ケンカをしない、いじわるをしない、悪口・陰口を言わないという程度のことです。

また、**仕事仲間は友達ではありません。仕事に支障がない範囲で適切な距離感で付き合えば問題ありません。**

人間関係が苦手な人ほど、このように距離感を掴むのが苦手な傾向があります。

これも、詳しくは第5章でお話ししています。

●話がうまくないとリーダーになれない

人をまとめるリーダーになるには、やはり話がうまくないといけないと思っていないでしょうか。

しかし、必ずしもそうとは限りません。先ほどの寡黙な社長の例のように、口べたでもリーダーになることは十分可能です。

また、次女の高校の時の校長先生は、本当に話が短いのが印象的でした。行事でのあいさつは1分程度で切り上げていました。**話すのが下手だからとご自身でおっしゃっていましたが、とても好感が持てました。**話は他の先生に任せて、ご本人は校長としての業務に専念していたのでしょう。

話し方だけに頼らず人を動かしていくための考え方や方法については、第5章で詳しくお話しします。

話し方で最も重要なポイントとは？

さて、ここまでお読みいただくと、話し方は単なるツール、つまり手段であり、無理にうまくなる必要はないことがおわかりいただけたと思います。

では、本当に重要なポイントとはなんなのか？

それは、一言で言えば、「キャラ設定」です。

実は、自分自身のキャラ設定を間違えなければ、格上の人に対しても、新しい場所に行っても、居心地の悪い思いをしなくてすみます。

話し方に苦手意識を感じることがそもそもなくなっていきますし、今まで通りの話し方でコミュニケーションがうまくいくことを実感できることでしょう。

口べたでも理想の人生を手に入れている人は、自分のキャラ設定が明確になっているということです。

詳しくは次章以降で解説していきます。

今の話し方のまま理想の人生を手に入れよう

さて、その内容に入る前に考えていただきたいことがあります。

話し方が単なる手段だとしたら、あなたはその手段を使って、どんな目的を達成したいのでしょうか？

多くの人は、ただなんとなく「話し方がうまくなりたい」と考えています。しかし、目的があいまいであれば得るものもあいまいになります。

ですので、まずは改めて目的を明確にしてみましょう。

そのほうが数倍も理想に近づきやすくなります。


人が「話し方がうまくなりたい！」と思った時、本当の目的を突き詰めていくと、次の３つのどれかに当てはまります。


１つ目は、居場所が欲しい。

２つ目は、人に認められたい。

３つ目は、人を動かしたい。


それぞれ、どういうことか見ていきましょう。

❶ 居場所が欲しい

これは、人間の根本的な欲求の1つである「所属の欲求」です。

誰でも孤独は避けたいものです。職場でみんなが楽しくしゃべっているのに自分は入っていけない時、いたたまれない感じがしますよね。初めての場所やパーティで疎外感を覚えるのも同じです。

こんな時、誰かと話せれば、「自分はここにいていいんだ」と感じられるわけです。

逆に言えば、**受け入れられていると感じている人は無理に話そうとしません。**居場所があれば、話し方で悩むこともないわけです。

自分の居場所を作るということは、表面的な話し方のうまさの問題ではなく、その場における自分自身の役割をどう認識するかのほうが大きな影響があります。

これに関しては第2章で詳しく解説します。

❷ 人に認められたい

上司や同僚やお客様に評価されたい。できれば出世したい、給料が上がってほしい。次の仕事も依頼してほしい。そのために自分をアピールしなければならない、と多くの人が思っています。

話がうまい人ほど評価されやすいと思い、話し方を磨こうとするわけです。
しかし、**話がいくら上手でアピールしていても、評価されていない人はたくさんいます。**認めてもらおうと、空回りしてしまう人もいるでしょう。

ですので、話し方だけでなんとかしようとする必要はありません。

話し方がうまくなくても、自分の成果や貢献がしっかりと相手に伝わり、きちんと評価されれば良いのです。

これについては、詳しくは第4章でお話しします。

❸人を動かしたい

チームリーダーや管理職になったら、部下に能動的に動いてもらいたいと思うものです。また、プロジェクトを動かすために、上司やお客様を説得しなければならない場面も出てきます。

営業マンであれば、お客様に商品やサービスの魅力をどう伝えるか、日夜、苦労されていることと思います。

また、**フリーランスや起業家の場合は、周りの仲間に助けてもらいながらビジネス**

を成り立たせる必要があります。一人でできることは限られているからです。

こういった必要性に駆られて話し方を磨こうと考えるわけです。

しかし、表面的な話し方のテクニックでは人は動かせません。

大事なのは人の心を動かすことであり、話し方はそれを実現するためのツールの1つにすぎません。

その辺りについて詳しくは第5章で解説します。

いかがでしょうか？

あなたがうまく話せるようになって手に入れたかったことは、この3つのどれかに当てはまると思います。

そして、目的が明確になれば、本書をより効果的に読み進めることができます。

次章からは、今の話し方のスキルのままで、あなたがその目的を叶えるための考え方やノウハウをたっぷりお伝えしていきます。

読んだらすぐに使えるものばかりです。

あなたはだんだんと話し方コンプレックスから解放され、自分の望む本当の目的にしっかり向かっていけるようになります。

今の話し方のままで、今のあなたのままで、理想の人生を手に入れましょう！

第2章

コミュニケーションはキャラ設定で9割決まる

話し方 その二

「大阪のおばちゃん」は海外でも動じない

さあ、ここから本題です。
まず、話し方で重要なポイントを最初に書きます。

「今の自分」を受け入れられていると、
話し方にコンプレックスを感じることはない。

これが本質です。
口べたでも、初めての場所でも、格上の相手にも、動じることがないのです。
これを説明するために、ちょっと極端な例で説明させてください。
その例というのが、「大阪のおばちゃん」です。

私は大阪出身なのですが、いわゆる「大阪のおばちゃん」と呼ばれる人たちには言葉の壁なんて存在しません。

日本中どこでも大阪弁だし、海外でも身振り手振りと大阪弁と、ちょっぴりの現地の言葉だけで乗り切ってしまいます。

ホテルでも、観光地でも、高級ブランド店でも、屋台でも、自分の言いたいことを伝えて要求を通します。

英語が話せない多くの人は海外でうろたえるのに対し、大阪のおばちゃんたちは動じることがないのです。

これはいったい何の違いでしょうか?

実は、大阪のおばちゃんたちは、こう思っています。

「私は大阪の人間なので英語なんて話せなくて当然」

どこに行っても大阪弁で貫くのは、「大阪の人間」と自分のことを認識しているからです。

つまり、**自分のキャラ設定がありのままで明確なのです。**専門的な言葉で言うと、自分自身のアイデンティティや自分軸をしっかり持っているということですね。

一方で、「英語が話せないから会話ができない」という人は、自分が何者なのかということより、「こうあるべき」という考えに囚われてしまっている状態なのです。

「海外では英語で話さないといけない」
「要求が通じないのは英語が話せない自分のせいだ」
と思ってしまうわけです。

実は、話し方やコミュニケーションの問題の多くもこれが原因です。

・よく理解していない会議なのに、「良い意見を言わなければならない」と自分でハードルを上げてしまう。
・初めての勉強会や交流会で、「知識がない自分が恥ずかしい」と思って何も話せなくなる。

・よく話す人を見て、「自分はあんなにうまく話せない」と落ち込む。

このように、自分のキャラ設定を間違っていて、さまざまな「こうあるべき」に呑まれて自信を失っていくわけです。

しかし、自分のキャラ設定が「ありのままの自分」であればどうでしょうか？

例えば、大阪のおばちゃんがインフルエンサーを見ても、「私はあんなうまくできへんわ！」と思うだけでしょう。

また、勉強会や交流会の場でも、「みんな頭いいねぇ、すごいわ」くらいの感想を、気楽に話すのではないでしょうか。

自分は大阪のおばちゃんなので、それを知らなくて当然だし、うまくできなくて当然と考えていて、「うまくやらなければならない」とは考えないのです。

ですので、どんな場所でも緊張しないし居心地の悪さがありません。

「うまく話せない」と悩んでいる時は、話し方のテクニックの前に、自分のキャラ設定を間違えていないか？　をまず確認してみてください。

あなたはいったい何者なのでしょうか？

その場所で「良いこと」を「うまく」話す必要があるのでしょうか？

きっとそんな必要はないはずなのです。

そして、居心地の悪い思いをする必要もないのです。

会議で発言するコツ

「会議で発言できない」という悩みもキャラ設定で解決します。

例えば、営業部門の会議に参加して、

「何の話かまったくわからない……」

という技術部門の人の場合を想像してみてください。

ここで、「何か良いことを言わないと」と思うと、頭が真っ白になるでしょう。

しかし、わからない会議で良いことは言えません。

そこで発言を求められた時は、最初に一言こう言えばいいのです。

「技術の人間としては」

この枕詞があると自分のキャラ設定が明確になります。

あとは自分の思ったこと、感じたこと、何を言っても大丈夫です。


「技術の人間としては、皆さんのお話は半分ぐらいしか理解できなかったのですが、私たちの作ったものを一生懸命に営業してくださって本当に感謝しています」

「技術の人間としては、営業の話は難しかったのですが、皆さんが売りやすいものを作るようにこれからも頑張ります」


このように自分の立場を明確にしてから発言すると、率直な感想を話すだけでも納得感がありますし、自信を持って発言できるでしょう。

勉強会や交流会など、初めての場所に行った時も同じです。

感想を求められたらいいことを言おうとせずに、「初参加だったんですけれど」と一言添えて、あとは素直な気持ちを伝えれば問題ありません。

「初めてなので難しくてわからなかったんですけれど、これから勉強させていただきます」

「初参加でドキドキしたんですけれど、いい人ばっかりで安心しました」

このくらいで大丈夫です。**むしろ、正直な感じがあって、好感を持たれるんじゃないでしょうか。**

キャラ設定を明確にするということは、簡単なわりにこのぐらい強力なのです。

「社長」も単なる役割

「格上の人と話す時に緊張してしまう」というケースでも同じです。

例えば、会社の上司や社長、またはパーティで会った業界の有名人などに対して、「何を話せばいいかわからない」「気を使う」「緊張する」ということもあると思います。


この緊張も、自分が何者なのかを忘れているのが原因です。


私が新入社員の時、会社の役員と新入社員が交流する機会がありました。

私も他の同期たちも、役員たちは雲の上の存在だと思い、緊張するし何を話していいかわかりませんでした。

その時、常務取締役の一人が、緊張する新入社員たちにこう言ってくれました。

「社長だからえらいわけではなくて、社長というのも単なる役割だよ」

そして、さらに野球を例にして「役割」について説明してくれました。

野球では、４番バッターはたくさんのホームランを打つヒーローかもしれません。

しかし、そんな強打者だけでは野球はできません。

1番バッターは「出塁する」、2番バッターは「バントでランナーを2塁に送る」など、それぞれの打順のバッターに役割があります。

全員がそれぞれの役割を果たすことで試合が成り立つのです。

4番バッターがえらくて他はえらくないなんてことはないのです。それぞれ役割が違うだけで、誰もが重要な存在なのです。

会社の役職も同じです。新入社員はまず仕事を覚え、先輩の手伝いをするのが大事な役割です。上司も、役員も、社長も、それぞれの役割を果たしています。それによって会社全体が動いていくのです。

そういう意味では、**社長から新入社員まですべての人が対等で、同じ目的に向かっているチーム**なのです。

私はこの話を聞いてから、格上の人に対して雲の上の人という意識が消えて、話しやすくなりました。

「自分は何者でもない」と思う人へ

交流会やパーティで格上のいわゆる「すごい人」に会って緊張する時も、自分のキャラ設定を忘れている時です。つまり「何者でもない」という自己認識なので、相手に萎縮《いしゅく》してしまうのです。

しかし、そんなはずはありません。

誰しも、自分の持ち場で世の中に貢献しているはずです。

大きな会社を経営する役割の人もいるし、周りの人のサポートをする役割の人もいる。地域に貢献する役割の人もいます。

それぞれが、それぞれの役割を持っています。

比較してどちらがすごいということではなく、どの役割も大切なのです。

そんなことを言われても、やはり他人と比べて「自分なんて大したことがない」「自分は何者でもない」「もっと大きな役割じゃなければダメだ」と思う人もいるかもしれません。

そんなふうに感じる時は、**「自分の友達だったら？」**と考えてみてください。

地味だけれど大変な仕事をしていたり、親の介護をやっていたりする友達には、「頑張っているよね」と声をかけてあげたくなると思います。

きっと、その友達が果たしている役割が大したことない、なんて思わないはずです。

だから、自分に対しても、同じように考えてみてください。

自分の担っている役割を認めて、「頑張っているね」「大事な仕事をしているね」と自分自身に言ってあげてください。

自分に言いにくいのであれば、私があなたに言います。

あなたは重要な仕事をしています！

あなたがいるから世界は成り立っています！

史上最悪のキャラ設定とは？

自分のキャラを意識して認識しないと、人は勝手にネガティブな発想をしてしまいます。

その中でも最悪なのが、自分は**「被害者」というキャラ設定**です。

なんだかいつも居心地が悪かったり、人間関係がうまくいかなかったりする人は、勝手に「被害者」になっている可能性が高いので注意してください。

例えば、交流会やパーティやセミナーなど知らないところへ行って、「場違いなところに来た……失敗した！」と落胆する。

レストランや洋服屋さんなどのお店に行った時も、「ぞんざいに扱われている！」とイライラする。

何度転職しても、「自分は搾取《さくしゅ》されている！」と思ってしまう。

何かにつけて、「だまされた、詐欺《さぎ》だ！」という言葉を使ってしまう。

これが、被害者キャラです。

こうなってしまうと、居心地が悪いし、気分も悪いし、悲しい、そんな気持ちのループにはまってしまいます。

私にも、そんな経験があります。

ちょっと興味があったので政治に関する勉強会に行った時のことです。

私にはまったく内容がわからなくて、とても居心地が悪かったのです。

しかもその時は、みんなでグループ・ディスカッションをしなければなりませんでした。

「なんでこんなところに来てしまったんだ……」

「全然わかっていない自分はバカにされてしまう」

と考えてしまってすごく疲れました。

本当は、参加者はみんな良い人なのですが。

しかし、振り返ってみると、そうなった原因は、**「政治のことをちゃんと知っていなければならない」**と思い込み、自分は何者かということを見失っていたからなのです。

最初から、**「ビジネスはわかるけれど政治のことはまったくわからない初心者」**と

いうありのままの自分でいれば、疲れることも緊張することもなかったと思います。

きっと、わからないことを気楽に楽しく質問して成長できたと思います。

このように、ありのままの自分を明確にしないと、人間は被害者キャラになりがちなので要注意です。

自分を大きく見せたくなる病

被害者キャラのデメリットは、自分が嫌な気持ちになることだけではありません。

自分を過度に大きく見せようとしてしまうのです。

これは、**ありのままの自分を見せることに不安があるからです。**

「バカにされるんじゃないか……」

「興味を持ってもらえないんじゃないか……」

こんなふうに自信がない時は、自分を大きく見せたくなります。

しかし、ありのままでないと違和感が相手に伝わります。

すると、お互いに話しにくいし、信頼関係も築けません。その結果、居場所ができず、評価もされず、快く思われないという状態を招いてしまいます。


私のクライアントの中には起業を目指すサラリーマンの方もいます。

ある時、そのうちの一人から、こんな質問を受けました。

「今井さん、ビジネス交流会に行く時、どんな肩書きにすればいいですか？」

どうしてそんな質問をするのか不思議に思って尋ねたら、

「起業家が多くいる中にサラリーマンが行ってバカにされないだろうか」

と心配していたのです。


しかし、そうやって自分を大きく見せるための肩書きを作っても意味はありません。

バカにされまいとして、無理やり考えた肩書きで名刺を作り、さもすでに売れているように振る舞っても、実情は5分話せばバレてしまいます。

取って付けたような肩書きは本当のキャラ設定にはならないのです。

この2つの要素で自分のキャラ設定が見えてくる

では、自信が持てる本質的なキャラ設定はどうすれば良いのでしょうか？

ここでは、簡単なキャラ設定のコツをご紹介します。

やり方は簡単です。ただ2つの要素を明確にするだけです。

それは、「ルーツ」と「ゴール」です。

「自分のアイデンティティとは何か？」なんて深く考えなくても、この2つを明確にするだけで基本的には十分です。

キャラ設定❶ルーツ

ルーツというのは、

- 自分の今までたどってきた道
- 今の自分を形作っている経験
- どうしてその場所にたどり着いたのかという理由

などのことです。

先ほどの政治の勉強会に行った時の例で考えてみましょう。

私のルーツは、次のようなものです。

・元々はＩＴ企業のサラリーマン。
・しかし、ＩＴだけでは人を幸せにできないと感じ、会社から独立起業した。
・起業して２年目から始めたセミナーに毎回３００人を集客。
・そのやり方を教えてほしいと言われるようになったのがきっかけで、個人事業主の人や起業したい人たちに考え方やノウハウを教えるようになる。
・一人ひとりが自立できる支援だけでなく、助け合う社会の仕組みも大事だと実感。
・政治も勉強したほうがいいかと漠然と思い立った。

私自身はこれ以上でもこれ以下でもありません。

ですので、政治のことなんてまったくわからなくても当然です。

こんなふうに自分をしっかり認識していたら、他の参加者と比べて落ち込む必要はなかったでしょう。


他の参加者は、例えば、**「シングルマザーですごく苦労をしてきたから、日本の法制度を変えたくて来た人」**もいます。こういう人は政治の知識は少なくても、困っている現場についてはよく知っています。

もしくは、**「バリバリのエリートで、学生時代から政治の勉強をしてゆくゆくは政治家になりたくて入っている人」**もいます。こういう人はとても政治に詳しいです。

それぞれ、ルーツに違いがあるので、知識の量に差があるのは当然なのです。ですので、知識のなさを他の人と比較することは意味がないのです。


私のビジネスの講座にも、いろんな状況の方が参加してくれます。

すでに何千万円も売り上げている人もいるのですが、そういう人を見ると、ビジネス初心者の人は萎縮しがちです。「自分はまだまだダメだ」と考えてしまうからです。

しかし、こんな思いになった時こそ、自分のルーツを振り返ってみてください。

例えば、**「30年以上主婦をやっていて、子どもが巣立った時に、世の中とのつながりがないことに愕然とした。だから50歳を超えた年齢で、まったくのゼロからビジネスを学びにやってきた」**という人もいます。

この人は他の誰でもない唯一の人生を歩んできたわけです。初心者で知識ゼロ、売上ゼロだからダメなのではなく、そこがその人のスタート地点です。

ですので、堂々と胸を張って、**「まったく未経験の初心者だけれど、学びに来ました」**と言っていればいいのです。

実際、そういう方が、自分のサービスで初めて数十万円の売上を作り、自立の道を歩んでいったりしています。

キャラ設定❷ゴール

キャラ設定をするのにもう1つ大切なのは、ゴールです。

つまり、

・そこで何をしたいのか?
・どんな未来を得たいのか?
・どれぐらいのレベルを目指すのか?

ということです。

政治の勉強会に行った時、私はゴールを明確にしていませんでした。

ですので、変に「なんでも理解しなければならない」と思い込んで、プレッシャーを感じてしまいました。

しかし、今考えると、ほとんど知識のない私がその勉強会に参加した目的は、

・まずは学ぶべきことの全体像を知ること。
・今後、自分がどんなことを学べばいいかを知ること。

という程度のものでした。

これだと、ハードルがかなり下がります。

もし、あの時こうやって目的を明確にしていれば、他の人と比較して萎縮することもなかったでしょう。

「政治家を目指している人」や「女性の社会進出について学びたい」という人と、私のゴールは違うわけですから、比較する必要がなくなるわけです。


ビジネスを学ぶ場でも同じです。

「みんな月に１００万円を目指しているから私もそうしなければ」

「数千万円稼がないといけない」

「年商1億円以上でないと一人前ではない」

と、勝手に周りのレベルを目指すと苦しくなります。


一方で、**自分のレベルに合った目標を立てる人は、初心者でも堂々としています。**

「まずは1万円でもいいから自分の力で稼ぐ経験がしたい」

「1年ぐらいかけて月数十万円くらい売れるようになればいい」

こんなふうに身の丈に合わせて目標を立てる人は、焦らずうまくいっています。

新入社員なら、**「仕事を覚えること」**が当面の目標。
初参加の会なら、**「どんなことをしているのかを確認する」**のが参加の目的。
誘われてよくわからずに参加した飲み会なら、**「とりあえず飲みに来た」**だけ。

このように、自分のルーツとゴールを明確にするだけで、自分が何者かが明確になり、どの場所でも緊張せず、居心地の悪さを感じることなくいられます。

ぜひ、時間を取って、「ルーツ」と「ゴール」を書き出してみてください。

すると大きな気づきがあります。ダメだと思っていた過去や欠点が、実は自分のキャラ設定に役だつこともあるのです。

また、自分の身の丈に合った目標を言語化することで肩の力が抜ける人もいるでしょう。

難しく考えずに、とにかく書き始めてくださいね。

●ルーツ　今までの人生・体験、その場にたどり着いた経緯

●ゴール　その場で自分が目指すこと、そこにいる目的、自分のレベルに合った目標

ありのままの自分で堂々とする

この簡単なキャラ設定だけで、どこにいても安心感が得られます。

客観的に自分を見ることで、自分を唯一無二の存在だと感じられ、ありのままの自分に対して自信と誇りを持てるようになります。

「自分はこれでいい！」と思えるようになるわけです。

すると、不思議なことに、他人からも好感を持たれ、信頼されるようになります。

ありのままの自分に自信を持っている人に、人は強く影響を受けて魅力を感じるものなのです。

格上の人に緊張する場でも、ありのままの自分を堂々と語りましょう。

例えば、サラリーマンの人が経営者の集まる交流会に行った時は、

「普通のサラリーマンですが、起業を目指しています！」

と堂々と言ってみてください。

その姿に誰もが好感を持つものなのです。

その後の会話で、

「どんなビジネスを考えているんですか？」

と聞かれることもあると思います。

その時もありのままで構いません。何をしたいかわからなくても、壮大な夢を持っている場合も、そのまま伝えれば問題ありません。

「まだ何をしたいかわからないんです。それを今探しているところです！」

「全国に１０００店舗作るのが夢です！　まだただのサラリーマンなんですが（笑）」

こんなふうに、ごまかさずにありのままで堂々としているから好感が持てるわけです。


私は、何もないところから自分でビジネスを始めて成功していく人をたくさん見てきましたが、うまくいく人は「何者でもない時の自分」を認めています。

そういう人は、肩書きも実績もなくても、周りから応援されていきます。

居心地の悪い場所ではキャラを決めておく

ここでは、居心地の悪くなるシチュエーションで被害者にならないためのキャラ設定の実例をご紹介します。

よくある場面を例に挙げていますので、どのように自分のキャラ設定をすれば良いか、ぜひ、参考にしてみてください。

●仕事で慣れない場所に参加する時

私が新入社員の時のことです。

入社したてで右も左もわからない時に、取引先のソフト会社のセミナーに行くように言われたことが何度かありました。

参加するだけなら良いのですが、その後の懇親会が困りました。その会社の社員さんたちと交流する時に自分がどう振る舞っていいかわからず、とても緊張したことをよく覚えています。

原因は今ならわかります。自分のキャラ設定が不明確だったのです。

しかし、会社の休憩室で、「ああいう場所でどう振る舞えばいいかわからないんですよね」と私がポロっと言った時に先輩がこう言いました。

「オレらは『お客さん』だから、『上司に言われて来ました！　新人なんでまだよくわかりませんが、この製品は上司に報告しておきます』って言っときゃいいんだよ」

そう言われて自分のキャラ設定がはっきりしました。

それ以降は、同じようなセミナーにも堂々とリラックスして参加できるようになりました。

自分はどういう立場なのか？　こうしたキャラ設定を明確にしてから、仕事に臨みましょう。

●自己紹介をする時

大勢の人の前でも一対一でも、「自分がどう見られるか」ばかり気にしてしまうと、自己紹介で緊張してしまいます。

こういう時は相手の気持ちを想像してみてください。

初対面はお互い様です。相手もきっと、

「この人はどんな人だろう。怖くないかな」

「会話が続かなかったらどうしよう。どんな話題を話せばいいだろう」

と不安に感じていることでしょう。

そうなのです！

「相手も不安なんだ」ということを知っておいてください。

ですので、**「自己紹介を通じて相手の不安を解消してあげるのが自分の役割だ」**と考えると気が楽になります。

そして、会話の題材になるような情報を提供してあげればいいでしょう。

どんな仕事をしているのか？　どんな目的でその場にやってきたのか？　というこ

とを伝えれば、何者かがわかって安心するでしょう。

また、週末は何をしているのか？　最近ハマっていることはなんなのか？　など、自分をアピールするというより、相手が話題に困らないために情報を先出ししてあげると考えると、緊張せず優しい気持ちで話せます。

●自分には難しいと思う役割を頼まれた時

友達から「結婚披露宴での司会」を頼まれた人がいます。

彼は、依頼された当初はすごく緊張していて、「うまくしゃべれなかったらどうしよう」と不安になっていたそうです。

これも、自分のキャラ設定を間違えて、「プロの司会者のように話さなければ」と思い込んでいたのが原因です。


でもある時、彼はこう気づきました。

「自分はプロの司会者じゃない。**司会をお願いされた、ただの新郎の友人代表なんだ。**

誰もうまい司会なんて求めていない」

頼んできた新郎も、アットホームな披露宴を望んでいるんだろうな、と思って、当日は楽しく司会ができたそうです。

司会に限らず、プレゼン、スピーチ、勉強会の講師、営業の同行など、慣れない役割をお願いされることがあるかもしれません。きっとそれは、**あなたらしさを期待されたからこそ依頼された**のでしょう。

それに、「一人でやれ」と言われたわけではありません。

周りの人に助けてもらいながら、あなたらしく楽しくやってみてください。

●仕事でアピールが必要な時

上司への報告や就職の面接など、自分をアピールする場面で、

「認められないといけない！」

「評価されないといけない！」

と肩に力が入っていると空回りしてしまいます。

相手に変に媚《こ》びてしまい、**逆に自分の良さが伝わりません。**その結果、思うように評価されずに終わってしまうのです。

ですので、「アピールする」ということに「実際より良く見せる」「相手に気に入られる」「媚びる」というイメージを持っているとうまくいきません。

そう考えてしまうと、「アピールすることははしたない」と感じ、自分から情報を出すことに消極的になってしまいます。そして、自分の良さや貢献したことが相手に伝わらずに終わってしまいます。


しかし、**アピールは自分のためではなく、相手のために必要なのです。**

上司や面接官の立場になって考えてみてください。

上司は忙しく、部下の全員の貢献を把握するのに十分な時間がありません。また、面接官は、あなたのことをよく知りません。ですので、あなたから正しく情報を提供してもらいたいと思っています。

上司はあなたを正しく評価して労に報いたいと考えています。

面接官は正しくあなたを理解して、相性が良ければ一緒に働きたいと思っています。

ですので、あなたの役割は、適切に評価できるように「正しい情報」や「評価すべきポイント」を教えてあげることなのです。

つまり、アピールすることで、**彼らの時間を短縮してあげ、正しく仕事ができるように手助けする**わけです。

そのスタンスであれば、相手に伝えるべき情報を整理して、緊張することなく伝えられるのではないでしょうか。

●営業・商談・交渉の時

営業の時こそ、「自分が何者なのか?」ということが重要になります。

もし、「買わせよう!」と思ってしまうと罪悪感が起こり、心のブレーキがかかって売ることができなくなってしまいます（欠乏感が原因。このことは拙著『らくらく売る人のアタマの中』（ぱる出版）で詳しく説明しています）。

ですので、営業の時は「相手に買わせる人」ではなく、「相手の問題を解決するためのサポーター」というキャラ設定を自分にしてください。

お客様の問題をしっかりと整理して、最適な方法を提案する。

自分はそういう役割なんだと思えば、緊張せずに話ができます。

お客様も、無理に買わせようとする人より、自分の話を聞いて応援してくれる人から買いたいと思うものです。

●飲み会やイベントで居心地が悪い時

交流会や飲み会などのイベントで居心地が悪いのは、やはり自分のキャラ設定が不明確なので居場所がないと感じることが原因です。

その解決法として一番簡単なのは、**役割を担うこと**です。

例えば、飲み会の「幹事」を引き受ける、イベントに参加するなら「スタッフ」としてお手伝いすることで居場所ができます。

これも立派なキャラ設定の1つです。

また、はっきりした役職でなくても、小さな役割で貢献すると、「自分はそこにいてもいい」と思えるようになります。

例えば、私の友人でナレーターの中村郁さんは、飲み会がとても苦手で、うまく話せないので、自分がそこにいることに不安を感じるのだそうです。

そこで**彼女は、「サラダのとりわけ」を積極的にやることにしました。**

たった1つのその小さな貢献で、彼女は「自分はここにいていいんだ」と思えるのだそうです。

このように、「自分はこの役割をする人」というキャラ設定をする方法もありますので、ぜひ試してみてください。

●交流会やパーティでひとりぼっちの時

交流会やパーティでひとりぼっちで話し相手がいないのは、非常に居心地の悪いものです。

「なんでこんなところに来てしまったのだろう」と、被害者意識に陥りがちです。

しかし、付き合いにせよ、興味本位にせよ、何かしらの理由で参加したのだと思いますので、**「参加した」という最低限の目的は達成です。**自分で自分を褒めてあげてください。

それに、誘った人もあなたが参加してくれて感謝していることでしょう。人を集めるというのは思うより大変な仕事なのです。

さらに、「楽しんでいるお客」でいたら、主催者はもっと喜んでくれるでしょう。
ひとりぼっちであったとしても、出された料理に喜ぶ、会場の雰囲気を味わう、出し物を楽しむ、対応してくれるスタッフにも感謝する。そして、感謝と喜びを伝えてみる。

その程度であれば、一人でもできるはずです。

もし、心の余裕があれば、自分から誰かに話しかけるのも良いと思います。なぜなら他の人も一人で心細いかもしれないからです。

その時は、**「話しかけている自分はえらい」**と客観的に自分を褒めてあげましょう。
その会話が盛り上がらなくても、話しかけただけですごいことです。
「うまく話せなかった」と落ち込まずに、「今日は3人も話しかけた！」と、チャレンジしたことにフォーカスしてくださいね。

●沈黙で気まずい時

沈黙によって気まずい気持ちになりたくないですよね。

問題はその気まずさであって、沈黙になること自体は問題ありません。

少々の沈黙であっても、問題なく過ごせばいいのです。

そのためには、まずは**「楽しんでいる人」**という自分を感じましょう。

おいしい料理の香りや味を十分に味わったり、目の前にある花の美しさに心を奪われたり、また、目の前の人の存在そのものに感謝する気持ちを持てば、気持ちは自然と明るくなります。

そのような良い気持ちの中で、言葉は自然と口から溢れてくるもの。だから、沈黙の瞬間を恐れることなく、まずは心の中でポジティブな気持ちを育てることから始めてみましょう。

●格上の人に緊張する時

格上の人に緊張する時には、あなたはその人から「良く思われたい」と思っているのだと思います。どう思われても良いのであれば緊張しませんからね。

粗相があってはいけない、失礼なことをしたら、あとから面倒なことになる、と考えているとそうなります。

しかし、相手は同じ人間ですので、人として接しましょう。

そして、目上の人や格上の人とうまく接するコツは、**相手から学ぼうとすること**です。

もちろん、何気ない雑談でも良いのですが、どうせなら結果を出している人の雰囲気を味わい、考え方を学びましょう。

そこから得られるヒントは絶大です。

人によって態度が変わっても良い

ここまでのお話で、場面ごとにキャラを設定するのは、「人によって態度を変えるということか？」と抵抗感を覚える方もいるかもしれません。

しかし、安心してください。

そもそも、誰の前でも同じ接し方でいる人はいないからです。

家族に対する接し方、友達に対する振る舞い、お客様に対する態度、それぞれすべて違っているのが普通のことなのです。

人は、相手によって態度が変わる流動的な生き物です。

友達の前での自分が本物で、あとは偽りの自分、なんてことはありません。

お客様の前で神妙な態度でいる自分も本物の自分だし、家族の前でだらけている自分も本物の自分です。

どれが本当の自分というものはないのです。

どれもすべて本物の自分なのです。

「与える人」でいると心地いい

全体を通じて言えることですが、

「自分は与える人間だ」

というキャラ設定をすることをお勧めします。

そうすることで、被害者キャラに陥らなくなります。

自分が「与える人」だとイメージしていると、誰かと会った時に、「何かしてもらおう」と思うのではなく、「何かしてあげよう」と自然に考えられます。

お客様はもちろん、初対面の人にも、交流会でも、パーティでも、自分が「与える人」だったら、そこでどんな振る舞いをするでしょうか？

例えば、レストランに入ったら、店員さんに「おいしかったです」や「素敵なお店ですね」と言ってみる。

職場だったら、活躍した人に素直に「おめでとう！」と伝える。

ミスした人はカバーしてあげる。

同僚の愚痴を聞いてあげる。

プレゼンの時は、聞いてくれる人に必要な情報を届けようと考える。

これらはすべて与えたことになります。

物理的に何かを与える必要はありません。

こんなふうに、自分を「与える人」だとキャラ設定しておくと緊張しないし、居心地の悪さを感じなくなっていきます。

居心地の悪さは、自分に矢印が向いて被害者キャラになっているから感じます。

自分を「与える人」としてキャラ設定すると、相手に矢印が向くので、自然とそうした状況が改善されていきます。

もし、居心地の悪そうな場所に行く時は、「そこで何人に与えられるか？」というゲームをしてみてはいかがでしょうか？

与えることは楽しいものです。

あくまで自分でできる範囲で大丈夫ですし、思ってもないウソをつく必要もありません。

そうすると、知らない人が多い場所でも、初対面の人にも緊張しないで過ごせます。

そして、楽しく人とつながれて、結局は自分の仕事につながったりもします。

第3章

話すスキルに頼らずに人間関係を築くには？

話し方 その三

話すスキルに頼らなくていい

先述の通り、話し方やコミュニケーションが苦手な人ほど、自分のキャラ設定を間違えて、難しいレベルを目指しすぎます。

「あの先輩みたいに飲み会をいつも盛り上げなければ」

「テレビで見る芸人さんみたいにウィットに富んだ話をしなくちゃ」

と自分とはまったく違う人を目指して余計にプレッシャーを感じるのです。

しかし、話すことが得意でない人は、話し方のスキルに頼る必要はありません。

そんなことをしなくても、自分が手に入れたい結果が得られればいいわけです。

この章でお伝えしたいのは、**無理に話し方を克服しなくても、他にできる工夫がたくさんある**ということです。

コミュニケーションを円滑にするのに、話し方や話す内容だけに頼る必要はありません。

では、話し方に頼らず、何をどう工夫すれば良いのでしょうか？

アドリブは必要ない！

まず、目指さなくていい高レベルのスキルが「アドリブ」です。

そもそも、話し上手な人も、すべてアドリブではありません。

新入社員の時、私は部署のあるイベントで幹事をしていました。

そのイベントの最後で、部長に締めのあいさつをお願いしました。

すると、部長は「えっ!?」と驚いた顔をしました。そして、「聞いてないよ～」と言いながら前に出てきました。

伝達ミスで誰も事前にお願いしていなかったのですが、私はそれでも「部長は話がうまいから大丈夫」だと思っていました。

ところが、部長の締めのあいさつは、いつになくしどろもどろでした。

それを見て、ようやく気づきました。部長はいつも、きちんとスピーチの準備をしていたのだと！

他にも、飲み会やパーティで盛り上げるのがうまい人の話も、アドリブに見えてそうでもないことが多いのです。

何度か同じ場にいると、「あ、これ前と同じトークだ！」と気づきます。

要はウケる鉄板ネタを持っていたり、得意の切り返し方があったりと、すべてアドリブで盛り上げているわけではないのです。

また、お笑い番組で、エピソードトークでウケなかった芸人さんが、「あれ、おかしいな。このトーク、昨日何回も練習したのに」と言っていました。これを聞いて、**プロであるほどアドリブでなんとかしようとはしていない**のだと気づかされました。

ましてや、口べたな人にアドリブなんて必要ありません。

さらに次のように極力話さなくていい工夫もできるのです。

話さなくて良い仕組みを作る

友人に、話さなくても**営業成績が抜群**の人がいます。

その彼の秘密は、商品やサービスの「説明資料」を事細かに用意することです。

よく聞かれる質問はたいてい決まっていますから、あらかじめ1枚モノの資料にしておいて、口頭で説明しなくて良いようにしています。


また、口べたのフリーランスなのに、**交流会に行くたびに仕事が取れる**人もいます。

彼の場合は、名刺にみっちり仕事の情報を書いています。

名刺交換した相手が興味を持って質問してきたら、名刺を指さしながら話せるので、トークに頼らなくて良くなります。

また、後日名刺を見た時に思い出すし、WEBサイトにも事例などの情報をしっかり掲載しているため、あとから問い合わせが来ることも多いそうです。

このように、よく話したり聞かれたりすることを、自分の代わりに伝えてくれるツールを持っておくと、毎回緊張しながら説明しなくてすみ、結果も得やすいわけです。

また、職場やチームの人間関係を良くしたいから、雑談などを通じて親交を深めたいということもあるかもしれません。

もちろん、雑談も素晴らしいのですが、それ以外にも手段はあります。

要は、「相手を信頼・尊敬していること」や「仕事に一生懸命取り組む気持ち」が相手に伝われば良いわけです。

それなら、「口べたですが技術で貢献します！」などと、チームメンバーにメッセージを送るだけでもいいのです。

同じ話し方で周りの反応が変わる方法とは？

口べたであっても人間関係を簡単に良くする方法があります。

それは、**見た目を変えてしまう**ことです。

服装がちゃんとしていたり、髪型が整っていたりすると、それだけで相手から話しかけられやすくなるものです。

これは即効性もありますし、相手の印象が変わるだけでなく、自分も自信がついて積極的になれます。

ある女性は副業でライターを目指していたのですが、最初は自信なげでした。

自己紹介する時は、「ただの事務員です」と言っていました。

しかし、メイクや服装の選び方を学んで、ガラッと印象が変わりました。

そして、見た目を変えることで周りの反応が変わり、自分にも自信がついたのか、彼女は**「ライターをやっています」と素直に言うことができるようになりました。**

それからどんどん仕事を依頼されるようになったのです。

多くの人は見た目を変えて自信がつくと、交流会への参加回数が増え、さらには自信を持って自分自身のことをＳＮＳで投稿するようになっています。

自分で仕事をしている人は、それだけで人のつながりと収入が増えていきます。

慣れない場所でも平気でいられる準備とは？

交流会やパーティなど、慣れない場所に一人で参加するのは気が重いという人も少なくありません。私もいまだに緊張するし疲れます。

解決策は単純です。

一人で参加せず、知り合いを誘って一緒に参加すればいいのです。

そうすると、自己紹介もしなくてすみます。一緒に参加した人どうしでお互いに紹介しあえば良いからです。自分のことは言いにくくても、他人のことだと話しやすいですからね。

また、営業的にも効果があります。

自分の仕事のことを自分で語っても、あまり興味を持ってもらえないのですが、**なぜか別の人間が「この人こんなお仕事をしているんですよ」と言うと、とたんに興味**

を持たれやすくなるのです。

ですので、仕事の出会いも兼ねて交流会に参加する場合は、一緒に参加する人と、事前にお互いのアピールポイントを共有しておくのがいいでしょう。

好印象を持たれる人はこれをやっている

積極的に話さなくても好印象を獲得する方法があります。

それは、相手の話を聞くことです。

人は話を聞いてもらえると、
「わかってくれている！」
「この人は認めてくれる！」
と感じて、承認欲求が満たされるからです。

ですので、自分が一生懸命に話すよりも、相手の話を聞くほうが好感度が上がるわけです。

私が若手社員の時代はこれを知らずに困っていました。

当時、私は技術の人間でしたが、営業のサポートのため客先に同行し、何を話して良いかわからずに頭が真っ白になっていたのです。

私は、とにかく用意した説明をひたすら話すことに専念しました。ですが、お客様はつまらなそうにしています。私は冷や汗をかきながら、説明を早く終わらせることしかできませんでした。

「客先で、いったい何を話せばいいんだろう？」

と、私は常に疑問を持っていましたが、この問いが間違っていたのです。

話すのではなく、聞けば良かったのです。

それに気づいてから、客先に行く時の不安もなくなりました。

「何かお困りですか？」「具体的にどんな課題がありますか？」と、質問をして、お客様の持っている疑問に回答するだけで会話ができるようになりました。

また、同僚との会話でも、「聞くことに徹する」ことの威力を感じました。

ある時、深刻になっている同僚から相談を受けて、私は何を言ってあげればいいかわからずに困っていました。

「まいったな。これはわからないな……」

と、黙っているしかありませんでした。

しかし、急に相手が、

「聞いてくれてありがとう！」

と言ってすっきりした顔になっていました。

アドバイスなんかせずに、ただ聞くだけのほうが良いこともあるのかと、若かった私はとても驚きました。

人生が変わる！　好かれる聞き方のコツ

人に好かれる聞き方のコツは簡単です。

その割に、これだけで人生が変わると私は思います。

それは、**「良い表情」と「大きなリアクション」**。ただそれだけです。

話が盛り上がらない、相手の反応が悪い、人間関係がうまくいかない、という時は、もしかしたら、表情が乏しいとかリアクションが薄いだけなのかもしれません。


表情について、私の友人が実験をしていました。

彼は当時、あるプロジェクトのリーダーだったのですが、「どうしたら部下たちが気軽に相談しに来るのだろう？」と試行錯誤していました。

彼の仮説では、**「自分が笑顔で機嫌良さそうにしていること」がポイント**だということでした。

彼は、その仮説が正しいかどうか、約1週間実験してみました。

まず、3日間、苦虫を噛みつぶしたような顔をして、腕組みをしてデスクに座っていました。

すると、その3日間は、部下は最低限必要な時しか話しかけに来ず、誰一人として相談には来なかったそうです。

そして、次の3日間は、笑顔でニコニコして過ごしてみました。

すると、何人もの部下が、ちょっとした相談をしに彼のデスクまでやってきたそうです。

彼の仮説は正しかったのです！

こんなふうに、自分の表情で相手の反応がガラッと変わります。

ですので、会話が弾まない、周りの反応が悪いと思う時は、まず一度自分の表情をチェックしてみると良いでしょう。

自分の表情に無頓着だと、知らないうちに無表情でいたり、ムスっとしていたり、眉間にしわを寄せていたりと、自分では意外なほどに他人から見ると近寄りがたい表情をしていたりします。

トップ営業マンは、こうした点に本当によく注意を払っています。

お客様に会う前に手鏡で表情をチェックして、笑顔の確認をしたりするそうです。

また、**人から好かれる人は、リアクションが大きいという特徴も挙げられます。**

笑顔で「うんうん」とうなずきながら聞いてくれて、「ええ！」「すごい！」とリアクションをしてくれたら、ノッてきて話しやすいですよね。

こういう人は好かれます。

ご自身がリアクションが薄いかなという人は、普段の1・5倍を意識してみてください。

大げさかなと自分では思うかもしれませんが、周りから見るとちょうどいいぐらいです。

ノートは最強のコミュニケーションツール

「この人はしっかり聞いてくれている」

と相手に感じてもらう、とても強力な方法があります。

それは、**相手の話を聞きながらメモを取ること**です。

例えば、次の日程の話をしている時に、相手が手帳にメモしてくれていたら安心しますよね。逆に、メモを取っていないと不安になるのではないでしょうか。

メモにはそんな印象を与える効果があります。

ですので、相手の話を聞く時には、面白いと思ったら、

「ちょっとメモさせてください！」

と言って、ノートを取れば良いと思います。

話を熱心に聞いてくれる姿勢に相手は喜ぶでしょう。

もちろん、良い話を忘れないでいられるので一石二鳥です。

本当に尊敬している人が相手なら、その人専用のノートを作るのもいいでしょう。

例えば、山田社長の話をすべて記録する「山田社長ノート」を作るわけです。

「この人から学びたい」という気持ちが伝わるので、相手も気分良くどんどん話してくれるでしょう。

おせっかいをやめると人間関係が良くなる

人の話を聞く時に大事なのは、**すぐにわかった気にならないこと**です。

私も、若い時は「早とちり」をよくしていました。

例えば、ある人が、

「ハワイっていいよね」

と言った時、すぐに、

「暖かくていいですよね」

と返したりしていました。

しかし、実際にはその人が言いたかったのは「ショッピングが楽しめていい」ということでした。

これは、話の腰を折ることになるし、相手も「わかっていない」と感じるので、とても反省しました。

さらに悪いのは「おせっかい」です。

私の知り合いにも、おせっかいが原因で離婚にまで発展した夫婦がいました。

また、やはりおせっかいを焼きすぎてお客様に嫌われ、契約が更改しなかった、というフリーランスの方もいます。

例えば、誰かが「眠い」と言ったら、あなたはどんな言葉をかけますか？

「寝ていいよ」

「布団敷いてこようか」

「ドリンク剤飲む？」

いずれも、あんなことしてあげよう、こんなことしてあげよう、という相手への親切心からの言葉です。

しかし、相手の意向に沿っていないと、これらはすべておせっかいになってしまいます。

例えば、「眠い、だけど仕事頑張ろうかな」と思っているのに、「寝れば?」「布団敷こうか?」と言われたらどうでしょうか? 逆に、「眠い、だからもう寝る」と思っているのに、「ドリンク剤飲む?」と言われたら?

どちらにしても、「そうじゃない!」となりますよね。

たまになら良いですが、これが何回も続くとイライラしますし、「この人はわかってくれない」となるわけです。

つまり、おせっかいは相手の心を先読みして、間違った提案をしてしまった時に起こるわけです。

もちろん、相手の気持ちに寄り添えていれば「気が利くなぁ」と好印象になりますが、人の心を正確に読むのは難しいものです。

「早とちり」や「おせっかい」をやめるコツ

こういう時に使えるのが**短いあいづち**です。

「ええ」「はい」「うんうん」

など、本当に簡単なあいづちで構いません。

そして、このあいづちを使う時に大事なのは、**「話の続きを聞きますよ」という姿勢**です。

「ハワイっていいよね」

と相手が言った時に、

「うんうん」

とあいづちを打ちながら、相手の顔を見て次の言葉を待つわけです。

「聞いていますよ」「続きを聞かせてください」というサインです。

すると、相手も話しやすくて、

「ショッピングがすごく楽しくて……」

と続きを話してくれます。

「ハワイいいですね。どんなところが好きなんですか？」

と長めの返事でも良いのですが、短いほうがカジュアルでテンポも出て、会話が弾みます。そして何より簡単です。

相手が話すモードに入っている時は、じゃまをしないように、短いあいづちでテンポを維持すれば、どんどん会話が進みます。

また、**相手の言葉を「オウム返し」する**のも有効です。

例えば、「眠い」と言った相手に「眠いんだね」と返す、たったそれだけです。それだけで、相手は「自分に共感してくれた」と安心感を持ちます。

そして、黙って待ちましょう。

するとだいたい、「だけど、宿題がまだ終わってないからやらなきゃ」などと続きを話してくれます。その段階で「そうか、頑張ってね。何か要る？」と言葉をかければいいわけです。

すると相手も、「じゃあ、夜食を作ってほしい」など、やってほしいことを言ってくれます。

もちろん、「短いあいづち」にしても「オウム返し」にしても、それは聞き方のテクニックにすぎません。

大事なことは相手の話を聞く姿勢です。

相手の話を心の中で、

「よくあるあの話ね」

「ああ、あれでしょ」

と**決めつけていると、相手の言葉が入ってきません。**

「自分はこの人の言いたいことを本当に理解しただろうか？」

と、疑いながら聞くのがコツです。

3つ質問があれば会話は途切れない

私の友人で、人とのつながりをどんどん作る人がいます。

上場企業の社長やベストセラー作家など、どんな著名人でも臆することなくつながっていきます。

どうやって相手との距離を縮められるのかというと、やはり相手の話をよく聞くことが大事なのだそうです。

その時のポイントは、**会う前にしっかりとその人をリサーチして、質問を用意すること**です。

基本的には、その時に思いついたことを質問すればいいのですが、不意に質問が思いつかないこともあるでしょう。

そんな時のためにあらかじめ質問を準備するわけです。

聞きたいことを3つぐらい用意しておくと会話が途絶えることがありません。

また、交流会などに参加する時のために、誰にでも聞きやすい質問を持っておくのもいいでしょう。

お勧めなのは、本当に自分が知りたいことを聞くことです。

これだと興味を持ってその人の話を聞くことができます。

例えば、私の場合であれば、コンサルタントという仕事柄、経営者に会うと次のような質問をよくします。

「集客はどうやっているんですか？」

「利益率が高いのはどの商品ですか？」

「社員さんの評価はどうやっているんですか？」

また、個人的に興味があることも、詳しそうな人がいたらどんどん質問します。

「最近、面白い映画はありますか？」

「楽器の練習って何時間ぐらいやりますか？」

「肩の筋肉ってどうやってつけるんですか？」

自分が知りたいことですので、どんどん突っ込んで聞いていけます。話も弾みますし、情報収集にもなりますので、有意義でかつ楽しい時間が過ごせます。

第4章

人はこうやって共感される

つながり方 その一

話す内容よりも人が注目してるのはココ

ここまでのお話で、うまく話さなくても人間関係がうまくいくことが理解していただけたと思います。ここからは共感される話し方、そしてつながり方についてさらに進めていきます。

例えば、緊張してうまく話せないというシーンについて考えていきましょう。

取引額の多いお客様の前だと頭が真っ白になる。
気合を入れたプレゼン資料なのにまったく反応がない。
ここぞという時の自己紹介ほどグダグダになる。

このように緊張してうまく話せない理由は、実は**「うまく話そう」という気持ちが強すぎるから**です。

しかし、本当にうまく話すことが重要なのでしょうか？

人はうまく話すから評価するのでしょうか？

話し方や話す内容によって判断されるのでしょうか？

意外かもしれませんが、人が心を動かされるのは「話し方のうまさ」でも「話す内容」でもありません。

それは、**話している人がどんな姿勢でいるか**です。

どんな思いを持って、その話をしているのか？

どれだけ真剣に臨んでいるのか？

声や表情、態度や身振り手振りなどに表れる、あなたの気持ちを相手は見ているのです。

説明が上手でも相手は動かない

以前、「すごい人に会ったので、自分の地元でその人のセミナーを主催したいと思っている」という相談を受けました。

「あの人の話はすごい！　地元の人にとって、きっと役に立つと思う！」

と熱意を持って語ってくれました。

しかし、彼女が動き始めてみると、周囲の反応は、

「この辺りでセミナーにお金を払う人なんていないよ」

「3千円ぐらいでないと誰も来ないよ」

という冷めたものだったといいます。

それでも彼女は挫けずに、**その講演の参加費を「1万円」という強気の設定にしました。**なぜならそれだけの価値があると感じていたからです。

しかし、いざ集客を始めると、まったく人が集まりません。

チラシを渡して誘っても、誰も申し込んでくれないのです。

いろいろと質問が来るだけで、それに答えても、また違う質問が来る、その繰り返しだったそうです。

彼女は困ってしまい、私のところへ、「この質問にどう答えれば良いですか？」という相談の電話をかけてきました。

私はそれを聞いて、たった１つだけ、こう答えました。

「それぞれの質問に答えても、きっと来てくれないと思います。そうじゃなくて、『**とにかく来てください！　絶対に良いので！**』って答えてみてください」

つまり、彼女の熱意をストレートに伝えるということです。

彼女はその通り行動しました。

すると、どうなったと思いますか？

なんと、セミナー当日に２００人も集まったのです！

彼女の本気の思いが伝わったのです。

質問を繰り返していた人は、実は彼女の本気度を見ていたのです。人がお金を払って行動するというのは、実は**理屈ではない**のです。

プレゼンを聞かずに数億円を投資する社長の話

私は、エンゼル投資家の方々や、ファンドで出資先を決める担当の方とお話をすることがあります。

彼らは、起業して間もない会社に出資します。その会社やビジネスは、まだ歴史がないため当然実績がほとんどありません。

そういう時に彼らは何で出資を判断するのか？　というと、やはり経営者の本気度だそうです。

もちろん事業の内容も大事です。ただそれ以上に、人を見て出資を決めるのだそうです。

極端な場合だと、事業内容に興味がない人もいます。

例えば、かなり以前の話ですが、ある方が、有名な経営者に事業企画のプレゼンをしました。

しかし、いざプレゼンが始まると、なんとその社長が寝始めたというのです。

彼は戸惑いながらも、最後までプレゼンをやり遂げました。

その社長が起きたのは、プレゼンが終わったあとでした。

そして、ただ1つだけ質問をしました。

「うまくいく自信はあるのか」

彼は、**「自信あります」と言い切りました**。すると社長はうなずいて、「じゃあそれでやってくれ」とあっさりと承認したのです。

もし、その方が、どれだけいいプレゼンをしたとしても、最後の質問におどおどと答えていたら、社長はその事業は却下していたでしょう。

経営者としての長い経験の中で、その人の自信と覚悟を見るのが最も的確に判断できる方法だと考えていたのでしょう。

思いや本気度については、自分がお客の立場から考えるとわかると思います。

例えば、営業の担当者が新人でミスはあるけれど一生懸命やってくれるか、あるいはベテランだけれど素っ気ないか、仕事のクオリティに大きな差がない時はどちらを選ぶでしょうか？

多くの人は前者を選びます。少しぐらいミスがあっても、一生懸命やってくれる人に好感を持つからです。

緊張なんてバレていない

「プレゼンは緊張するから嫌だ」

「自己紹介の時顔が引きつる」

「営業でいつも緊張して疲れる」

「上司ともっとうまく話したいのに緊張してしまう」

という人は多いです。

緊張しないようになりたいという方に、真実をお伝えします。

実は、どんな人でも緊張しています。

大きな舞台に立つ俳優さんも、テレビに出ている芸人さんも、悠々とプレゼンしている経営者も、みんな緊張しています。

大舞台で活躍している人は緊張とは無縁のように見えますが、実はそうではないのです。

舞台裏の密着ドキュメンタリーなどを見るとわかりますが、芸人さんもアイドルも、ステージの幕が上がるまで、ものすごく緊張しています。**舞台袖で「ああ、緊張する」と言っている姿がそこにはあります。**

どんなに人前で楽しそうにしゃべれる人でも、やっぱり緊張するものなのです。

そして、もう1つ重要なことがあります。

それは、**緊張はバレていない**ということです。

俳優さん、芸人さん、経営者が緊張しているとは、こちらからはまったくわからないと思います。

ですので、緊張していてもまったく問題ありません。

私のセミナーは１００人ほどの参加者でやることが多いのですが、時々、その中から前に出て話してもらうことがあります。

ほとんどの人が普通に話をします。

そして、話し終わってから自分の席に戻って、「ああ、緊張した」と言っています。

中には返してもらったマイクが、汗でびっしょりのこともあります。

つまり、本人がどんなに緊張していたとしても、案外それは本人にしかわからないものなのです。

緊張してもバレていないので、あまり気にする必要はありません。

企画が採用される人の共通点

もちろん、よっぽど緊張していると、周りからも硬く見えることもあります。動きも話す言葉も、見るからにガチガチになってしまうこともあるでしょう。

しかし、それだけであなたの評価が下がるものでしょうか。


以前、出版コンテストを見学しに行きました。出版社の編集者たちに向けて企画をプレゼンするというものです。

その中で、ごく普通のサラリーマンの方がプレゼンをしていたのですが、ものすごく緊張していました。舞い上がって質問の受け答えもギクシャクしていました。

しかし、何社もの出版社が彼の企画に手を挙げました。

それは、「人間関係が不得意で苦しんだ過去の自分を助けるような本を書きたい」という真剣さが響いたからだと感じました。

彼のプレゼンや質疑応答から、緊張していることは伝わってきましたが、それ以上に彼の熱意が伝わってきたのです。

人は、一生懸命にチャレンジしている人を応援したいものです。

慣れない場所で緊張している姿を見たら、さらに応援したくなります。逆に言うと、緊張している姿というのは、案外武器になるのです。

ですので、緊張を無理に押さえつける必要はありません。大舞台であがってしまう自分も受け入れる気持ちで臨みましょう。

一生懸命さが伝われば良いのです。

半分伝われば上出来！

あまりにも緊張するという時は、原因があります。

それは、**「うまくやろう」という気持ちが強すぎる**ということです。

「良いプレゼンをしてみんなから拍手喝采を浴びるぞ」
と自分からハードルを上げてしまって、逆に本番で力が入りすぎるのです。

この状況を回避するにはどうすればいいでしょう。

実は、すごく簡単な方法があります。

それは、「半分伝わればいいや」と、力を抜くことです。

実際、どれだけ事前の準備で頑張ったとしても、**本番で相手に伝わるのは自分が思っている6〜7割程度にすぎません。下手したら半分ということもあります。**本番はうまく話せなくなるものなのです。

元々そういうものだと割り切って、肩の力を抜いて本番に臨めばいいのです。

私は趣味でクラリネットを習っていて、年に数回だけ人前で発表する機会があります。

演奏のあとに、いつも言うのがこの言葉です。

「練習はもっとうまいのに……」

まあ、そんなものなんですよね（笑）。

このように本番で7割しか出せないのであれば、練習でプレゼンのクオリティをとことん上げなければいけません。

もうこれ以上はない、というくらいまで練習できたら、あとは本番の自分に委ねましょう。

練習はとことんする。
本番は結果を手放す。

これが人に伝える時の基本です。

原稿を読み上げるだけでも良い

うまく話せないのであれば、極端な話、原稿を読んで話しても構いません。
それで思いが伝われば良いのです。

以前参加した、歌の発表のイベントでのことでした。

そこでのライブの時間に、出場した女性が用意していた原稿を読み上げていました。

会場の他の参加者は思わずじっと聞き入っていました。


「私は15年前に突然夫を亡くし、女手一つで子育てしてきました。

いつも子ども優先でやってきて、自分のために何かをする余裕はありませんでした。

ようやく子どもが手を離れ、少しずつ余裕が出てきました。

そんな時このライブを知り、参加することにしました。

本当はずっと歌うことは好きだったけれど、自分のために時間を取る暇がありませんでした。

だから、この機会に思い切り体験しよう、と思い立ったのです」


原稿の通りにとつとつと読むだけでしたが、彼女の言葉の一つ一つには思いがこもっていました。

それが、聞く人たちの心をぐっと摑んだのでしょう、うんうんとうなずく人もいれば、涙を拭っている人もいました。

スピーチをした彼女は、特別に感動させようと思っていたわけではありません。たまたま、どういう経緯があって参加したのかを語る機会があったので話しただけです。

それでも、そこまで乗り越えてきた出来事への思いが言葉に染み込んでいたからこそ、人々の心を強く揺さぶったのでしょう。

自分から100%好きになる

話が苦手な人の多くがやりがちなのは、相手にラベルを貼って、

「怖そうな人だ」

「聞く気がなさそうだ」

「つまらないと思っているんだろうな」

と無意識のうちに思い込んでしまうことです。

相手の見た目、役職、知名度などの外的な要素だけでその人を判断すると、そうなってしまいます。

そしてその意識が相手にも伝わってしまいます。


では、どうすれば良いかというと、まずこちらが相手を好きになること、なのです。

これは、カリスマ販売員さんや人気の講演家さんなど、コミュニケーションがうまい人は誰もが言っています。

カリスマ販売員さんは、店舗に入ってきたお客様を、最初から100%好きになるそうです。

人気の講演家さんも、会場に行く前から聴衆のことを好きでいるそうです。

もちろん意識的にです。


つまり、相手に条件をつけないのです。

「この人は良い人かな？」

「機嫌良いかな？」

「怖くないかな？」

と疑いながら接するのではなく、無条件で、

「目の前の人は素晴らしい人に違いない」

と、最初から決めて相手とコミュニケーションするわけです。

不思議なことに、そのように思い込んで接していると、本当に打ち解けやすくなり、営業やプレゼンもうまくいきます。

ダメ出しも感謝で受け取る

話を聞いてくれた人からの意見は、たとえ厳しいものであっても感謝で受け止めましょう。

改善すべき点を指摘してくれる人というのは、こちらに愛情を持っていて、関わろうとしてくれているわけです。

相手のことがどうでも良かったら、わざわざ悪いところを指摘しません。ただ去っ

ていくだけです。

そして、相手は、あなたがどこまで頑張るかを見ているのです。

私も会社員時代に、お客様に何度も提案書を却下されたことがあります。「なんて厳しい人なんだ」と泣きそうになりながら何度も何度も作り直しました。

最後にOKをもらった時に、お客様から「よく頑張りましたね」と声をかけてもらいました。

それに、完成した提案書は、とても良いものになっていました。その時に初めて、お客様の愛情を理解できました。

しかし、「ダメ出しが苦手」という人も少なくありません。

それは、**自分の人格が否定されているように捉えるのが原因**です。しかし、相手は人格攻撃をしているのではなく、ただ改善点を教えてくれていることがほとんどです。

例えば、ある人は、よく、「お前の話は何を言っているかわからない」と言われてイラっとしていました。

そんなある日、彼は会社の同僚の手書きのメモを目にしました。

文字が汚くてさっぱり読めません。そこで彼は何気なく言葉を口にしました。
「何を書いているかわからない……」
その時に、彼は気づきました。みんな、本当に自分の話が理解できないのだと。

それから、彼は周りの人から、どこがわかりにくいかを詳しく教えてもらい、ちゃんと話したいことを紙に書いて整理するようにしました。

すると、どんどん相手に話が伝わるようになり、会社でも出世し、さらには副業で収入を得るようにもなったのです。

「わからない」と言うと信頼される

話が苦手な人の特徴の1つは、

「すべての質問に答えられなければならない」

と過度に身構えてしまうことです。

しかし、質問に答えられないと本当に信頼を失うのでしょうか？

結論から言うと、たいていの場合、わからないことは「わからない」と言えば問題ありません。

そのほうが相手から信頼されますし、ごまかしたりするほうが印象を悪くすることがほとんどです。

以前、ネットで**「ビートルズのメンバーの名前を言えなかったから面接に落ちた」**という就職活動中の学生の書き込みを見たことがあります。

しかし、本当にそれで落ちたのでしょうか。

仮に、本当にビートルズのメンバーを答えないと落とされてしまうなら、他のグループの場合の対策もしなければいけなくなります。

有名なバンドは他にもたくさんいますので、あらゆるメンバーの名前を覚えておかなければならないなんて現実的ではありません。

面接では、質問に答えられるかよりも、実は、質問に対して、どんな反応をするかが見られているのです。その人の姿勢や表情から、人間性を観察されているわけです。

ですので、自信たっぷりに「わかりません！」とか、「名前はわからないですが、あとで調べてみます」と言っていたら、もしかしたら受かっていたかもしれません。

実際、できる人ほど、わからないことはわからないと言えます。

会社員時代に、私の部署で戦略コンサルタントの方に調査を依頼したことがあります。

その人は週に1回、分厚い報告書を持って説明に来てくれたのですが、さすがプロだといつも感心していました。何を質問しても、当然のように答えてくれるのです。やっぱりコンサルタントの人ってすごいな、と思っていました。

しかし、ある時質問したことに、その方は珍しく即答しませんでした。

そしてただ一言、

「それはちょっとわかりません。では、次までに調べておきますね」

と、サラリと答えました。

その堂々とした態度を見て、私はやっぱりすごい人だという印象を新たにしました。

私も今はコンサルタントとして、日々、クライアントの方々の相談に乗っていますが、わからないことだらけです。それぞれの業界のことはクライアントのほうが詳しいですからね。

しかし、そんなことはお客様からの信頼とまったく関係ありません。

お客様の得たい結果に貢献できていれば、すべてを知る必要はないのです。

人に伝える前に確認すべきはこれ！

結局のところ、大事なことは「自分の思い」です。

人に何かを伝えるのに、「内容」や「話し方」も大切ですが、それ以前に、**「どれぐらいそこに強い思いがあるか？」**を確認しましょう。

不思議とそれは伝わるものです。

以前、ちょっと格上の人と食事をしたいと思った時のことです。

「断られるかなぁ、どうしようかなぁ」

と思っている時は、やっぱり先方が忙しいということでなかなかアポが取れません。

しかし、会いたい理由が明確で、

「何度断られてもお願いするぞ！」

と決めた時は、するっと1回でアポが取れました。

やはり思いの強さは相手に伝わるのだと思いました。


この思いというのは、キャラ設定を確認することで明確になります。

自分は何者で、何のためにその人に伝えようとしているのか。

それを明確にすればするほど、人に共感されるのです。

必要であれば70ページのキャラ設定のシートに返って、何度も確認してくださいね。

キャラに没頭しよう

ロサンゼルスに行った時に、現地で「ウィキッド」というミュージカルを見ました。

魔女とか羽が生えた猿とか、いろんなキャラが出てきます。

見終わってカーテンコールの時に、役者さんたちが「寄付の依頼」を観客にしていました。

それが、なんと劇中のキャラのままなのです！

魔法使いのまま芝居調で、

「さあ、あなたの力が必要です！」

というふうに観客に訴えかけるわけです。

寄付のお願いなのに楽しく見られました。

素の役者さん本人に戻って、「すみません。寄付をお願いします」と言っていたら、観客もちょっと引いていたかもしれません。

きっと役者さんのほうでも言いにくかったのではないかと思います。

何が言いたいかというと、**役になり切っていると人は堂々と話すことができる、**ということです。

これを応用した友人の経営者は、利用者を「お殿様」「お姫様」扱いするという福祉施設を運営しています。

スタッフは家来になり切って奉仕するので、楽しいし疲れません。

接客の満足度が高いため、売上は１００億円を超えているそうです。

つまり、**「自分の役割はこれなんだ！」と没頭できていたら、人は最高のパフォーマンスを発揮することができる**ということです。

ですので、うまく話せない時は、キャラ設定を確認し自分の思いや役割を思い出し、そこに徹してください。

「自分はお客様を幸せにするんだ」

「世界を良くするんだ」

「愛を伝えるんだ」

そのために、目の前のお客様に、上司に、観客に話しているんだという気持ちでいれば思いが乗ってきます。

そうすると、話がつたなくても相手の心に響くのです。

自分が何を言いたかったかわからなくなってしまう時に

「自分の思いと言われても簡単に言語化できない」
「自分の考えや気持ちを言葉にできない」
「話の要点が整理できず理路整然と説明できない」
という悩みも多いです。

しかし、それが普通です。

私も人と話す時に、あらかじめ言いたいことを紙に書いておかないと、自分が何を言いたいのか自分でもよくわからなくなります。

もっと言うと、事前に話すことを整理しようとしても、「うまく考えがまとまらない……」ということもあると思います。


プレゼン資料を作ろうとしても、何を伝えれば良いのかわからずに進まないということは誰もが経験します。

上司に相談したい場合や、部署のミーティングでみんなに伝えたい時に、いざ本人を前にするとうまく話せなくなってしまうのもよくあることです。

また、そもそも自分が何を言いたいのか？　自分がどう感じているのか？　ということを自分では言語化できないのも普通のことです。


「相談したいことすらわからない」という経験は多くの人がしています。


そんな時は、伝えたい相手とは別の人にまず聞いてもらってください。

家族に友達、同僚や仕事仲間、自分がリラックスして話せる人たちに試しにちょっと聞いてもらってみましょう。一対一でもいいですし、複数人相手でも構いません。

例えば、上司に伝えるつもりで友達に話してみましょう。

最初はとりとめのないことしか出てこないかもしれませんが、だんだんとメッセージの核心が言語化できてきます。友達には、わからなかったところをその都度質問してもらうことで、どんどん内容を深掘りしていきます。

そうやって焦らずに伝えたいことが明確になったタイミングで、本人に伝えればいいのです。

私の場合は、会社員時代にプレゼンの練習をよく聞いてもらいました。**お客様にプレゼンをする時は、同僚も巻き込んでみんなで練習したものです。**

また、起業して最初の頃は、セミナーをする前に知り合いの起業家仲間に見てもらったりしました。

思いを伝える最後の機会だとしたら？

思いを伝えるための、とっておきの考え方をお伝えします。

それは、

「もしこれが、自分がその人に何かを伝える人生の最後の機会だとしたら？」

と考えることです。

自分にとって最後のプレゼンだとしたら？

自分にとって最後の接客だとしたら？

自分にとって最後の営業だとしたら？

きっと、自分がどう見られるかより、目の前の人に伝わるようにともかく一生懸命話そうという気持ちになるんじゃないでしょうか。

あるカウンセラーの方は、セミナーを企画していたのですが、評価を気にしすぎて怖くなり、準備や告知ができずに止まってしまいました。

その時にこの話をしたところ、ハッとして、

「これが人生最後のセミナーだったら、伝えたいことをとにかく伝えます！」

とやる気を取り戻しました。

そして、集客にも力が入り、セミナー当日は会場が満席になり、その人たちの前で堂々と話し切って大成功を収めました。

私も、セミナーや講演会をする時は同じ気持ちでやっています。**「どうせ次もある」と思うと雑念が入ってしまう**からです。

ですので、毎回、「これで最後かもしれない」というつもりで臨んでいます。

一回一回が、人生で最後の機会。そう考えると、緊張も吹っ飛んで、言葉にも自然と熱がこもります。それは確実に聞いている相手に伝わるのです。

第5章

口べたのまま人を動かす

つながり方 その二

人に助けてもらえる人が一流

いよいよ、この本も最後の章となりました。

ここまでお伝えしてきたことをできるところから実践していけば、少しずつあなたの人生は理想に向けて変化し始めていくでしょう。

でも、せっかくここまで読んできたからには、もう1つ大事なことをお伝えします。

この章のテーマは「つながり方」の中でも、特にハードルが高いように思える「人を動かす」です。

「周りが思い通り動いてくれない」

ということで、話し方やつながり方を学び始める人も多いと思います。

プロジェクトリーダーや管理職、もしくは自分でビジネスを始めると周りの人に動いてもらう必要があります。

また、チームメンバーだけでなく、上司やお客様という自分より立場が上の人を動かさないといけない場面もあるでしょう。

何かを成し遂げるためには、周りに協力してもらう必要があります。

「優秀な人は一人でなんでもできるのでは？」

と考える人もいるかもしれませんが、それは逆です。**優秀な人ほど周りの人に助けてもらっています。**

人には得意・不得意があって、できないこともたくさんあります。優秀な人ほどそれを理解していて、いろんな人を巻き込んで協力してもらっています。

うまく周りの力を借りられる人が大きなことを成し遂げていくわけです。

「人にお願いするのが苦手」の3つの原因と対処法

そうは言っても、

「人にお願いするのが苦手です」という人は少なくありません。

しかし、一人でなんでもやろうとすると、あっと言う間に1日が過ぎ、1週間が過ぎ、気づいたら1年経ってしまった、ということになってしまいます。

私のクライアントの多くはフリーランスや起業家です。組織に属していないので気楽な反面、一人だと本当に何も進みません。ですので「お互いに協力しあう」ということに慣れてもらっています。

なぜ、人にお願いするのが苦手なのか、原因は実は大きく分けて3つあります。

1つ目は、できないと言うのが恥ずかしいから。
2つ目は、お願いすることを申し訳なく感じるから。
3つ目は、自分がやったほうが早いと思うから。

いかがでしょうか？　心当たりはありませんか？　1つずつ、この対処法をご紹介します。

❶ できないと言えないことへの対処法

「できない」と言うことは自分の弱点をさらけ出すことだから、そんなことは恥ずかしくてできない、と考えていると人に頼れません。

そうすると、どうしてもお願いしなければならない時に、その気持ちをごまかすために逆にえらそうに命令口調になったりします。上司だから、客だから、と自分の立場を笠に着て、弱さを隠そうとしてしまうのです。そういう姿勢だと、相手はうまく動いてくれません。

一方で、会社員時代のできる上司や先輩は、「俺、これわからないんだよ。今井、ちょっとやってくれよ」という言い方でよくお願いしてきました。そんなふうに言われたら、手伝いたくなりますよね。

なぜ、一流の人ほど自分の弱みを出しても恥ずかしいと思わないのかというと、誰もが自分の「強み」で仕事をするからです。だから、苦手なことは他の人にカバーしてもらうのが働き方として普通だと思っているのです。

少々苦手なことがあっても、それですべての価値を判断されるわけではないのです。弱みを見せるのが恥ずかしい時は、70ページのキャラ設定シートに戻ってください。

そしてありのままの弱い自分を優しく受け入れていきましょう。

❷お願いすることを申し訳なく感じる場合の対処法

「お願いするのが申し訳ない」と言う人も多いです。

「こんな面倒なことをお願いしたら負担をかけてしまう」

「これをお願いしたら嫌われてしまう」

と考えてしまうのです。

そして、断られると、ものすごくショックを受けます。

自分は嫌われてしまった、お願いするんじゃなかった、と後悔して寝込んでしまう人もいるぐらいです。


しかし、安心してください。

お願いしても嫌われません。逆に好かれます。

なぜなら、人は人を助けたい生き物です。そして、人にお願いをされるのは嬉しいものなのです。

例えば、私の祖母は香川県の山奥に住んでいましたが、私がたまに帰省すると、

「いいところに来た、テーブル下ろして」

「畑に貝殻を撒いといて」

などとよくお願いされました。

祖母から頼られるというのも嬉しいですし、「役に立った」と良い気分になれました。

つまり、**あなたが何かをお願いすると、相手は良い気分になれるのです。**

もちろん、お願いの程度や相手の状況にもよりますが、試しにそう大変じゃないことから頼ってみると、案外気持ちよく引き受けてくれます。

また、申し訳ないからといって、「こういう条件をつけるからやってくれない？」という言い方にすると、かえって協力を得にくい場合も多いです。

実際、クライアントがそういうお願いをしていたので、言い方を変えてもらいました。

「すぐには何もお返しできませんが協力お願いします！」

というメッセージにすると、状況は一変しました。たくさんの人が手伝ってくれたのです。

近い関係であればあるほど、取引条件を出されたら距離を感じてしまうわけです。

仲間に対しては、人は、ただ手伝いたいから手伝うのです。

❸〝自分がやったほうが早い〟の対処法

これも優秀な人ほど、陥りがちな思考ですね。

なぜなら、他人に任せるとクオリティは下がるし、時間はかかるし、ミスやトラブルも起こるからです。しかし、それでもぐっとこらえて仕事を任せていきましょう。

なぜなら、ほとんどの場合それで十分仕事が回っていくからです。

クオリティが少々低く、スピードが少々遅くても、ほとんどのお客様にとっては許容範囲内です。

多くの会社を見てきましたが、ミスやトラブルが発生しても、大きな問題にはなりません。

長い目で見ると、人に任せたほうが目的に早く到達します。

問題をゼロにしたところで、目的地にたどり着かなければ意味がないわけです。

カリスマ性は必要ない

人を動かすといっても、「自分には人を巻き込むカリスマ性なんてない」という方もいると思います。

しかし、カリスマ性のある人間だけが人を動かせるわけではありません。

それよりも、自分らしくありのままでいる人に、人は協力しようと思うものです。

もちろん、それ以外にも人が手伝いたくなるポイントがありますので、これからご紹介しますが、やはり**自分のキャラ設定がしっかりしていれば、人を動かせる**ということです。

カリスマ的リーダー像やスーパー営業マン像、クラスの人気者像というイメージに縛られていると、人を動かす立場になったとたんに、自分に合わない振る舞いをしてしまうことがあります。そして、それが無理を生じさせるのです。

人を動かすということはそうではありません。

あなたらしく人を動かし、人を巻き込めばいいのです。

まず一人味方を作る

では、人を巻き込む時のポイントは何か？　というと、それは、**一人ずつ味方にしていく**、ということです。

「多くの人を巻き込んで思い通りにプロジェクトを進めたい」

「会社全体の仕事のやり方を変えたい」

「自分の職場やコミュニティをもっと元気にしたい」

など、最後にはたくさんの人を巻き込みたいと思っても、最初は一人ずつあたるのが一番早いのです。

私は、それがわかっていませんでした。

起業当初、学生と社会人が一緒に活動するコミュニティを作ろうと思ったのですが、なかなか人が集まりませんでした。

たくさんの学生の前で「こういうコミュニティを作りたい」とプレゼンしても、スタッフに応募する人はゼロだったのです。

中には「その話何分で終わりますか？」と聞いてくる学生もいて、心が折れて泣きそうになりました。

そこでやり方を変えました。

大勢を相手にするのではなく、まずは自分の知り合いの会社員の男性に話しに行ったのです。

一対一なら、私も落ち着いて話せました。コミュニティの趣旨を説明し、賛同してもらい、まず、一人目の味方を作ったのです。

そして、後日、改めて学生向けのセミナーを開催し、最後にスタッフの募集のプレゼンを彼にしてもらいました。

すると、その場でスタッフ希望者が４人現れました！

実は、彼の話し方には華があり説得力があったので、私がプレゼンするより何倍もの効果があったのです。


まず一人を味方につけたことで、さらに味方が４人増えたのです。


もう１つ、会社員時代に、同じような経験をしました。

入社２年目のヒラ社員の頃のことです。あるアメリカ人ＩＴコンサルタントの書いた本を知り、これを翻訳して出版できたらいいんじゃないか、と思いついたことがありました。その時はただ漠然と思っただけです。

その思いつきを先輩に雑談で話してみたところ、先輩も面白がって乗ってくれました。しかも、なんと半日で企画書を作ってくれたのです。

早速その企画書を部長に見せたものの、あえなく否決されました。

しかし、さらにその上役である事業部長に企画を見せると、「どんどんやれ！」と承認をもらい、予算もつきました。

出版社に打診したらＯＫしてもらい、米国の出版社から翻訳の権利を取得してもらいました。

そして、無事に出版できたのですが、それだけに留まらず、著者のコンサルタントを日本に呼んでセミナーも開催しました。

しかも、その本がきっかけで、会社にコンサルティングの依頼が来ました。

私は当時、ただのヒラ社員でしたが、一人ずつ動かしていけば自分の思いついたことを実現できるんだという経験をしました。

会社もコミュニティもプロジェクトも、形作っているのは個々人です。

相手が大勢だったりプロジェクトが大規模だったりする時ほど、これを忘れがちですが、結局は一人ひとりを味方にするのが一番早いのです。

応援者は一人いれば十分

さらに重要なのは、応援者が一人いれば頑張れるという心理的な側面です。

中村慎一さんという方はコーチングを学んで、その効果を強く感じ、「富山にもコーチングを普及させたい！」と思ったそうです。

しかし、周りの反応はまったく良くありません。

100人以上の経営者とその話をしたのですが、誰もコーチングなんて知らないし、「そんなの田舎じゃ普及するわけがない」と言われ続けました。


中村さんは「銀座コーチングスクール」というところでコーチングを学ばれたのですが、このスクールは森英樹さんという方が東京で立ち上げたもので、当時は支部はありませんでした。

そんな中で、中村さんは森さんに、「富山支部を立ち上げたい」と申し出ました。

すると、森さんは「いいよ！　応援します」と軽くＯＫをくれたそうです。その時は支部の仕組みも何もまったく決まっていませんでしたが、森さんは中村さんの味方になってくれました。


その後、中村さんは全国で初めての支部を富山に立ち上げられました。

そして、本書を執筆している時点で、銀座コーチングスクールは全国40を超える活動拠点があります。

そして、中村さんはずっと富山県でコーチングと企業研修で活躍されています。

最初の立ち上げの時にどうして挫けなかったのかと中村さんに聞くと、

「応援してくれる人が一人いたから頑張れた」

とおっしゃっていました。

全員にわかってもらう必要はありません。

応援してくれる人が一人でもいたら、人は頑張れるのです。

あなたの味方が必ずいる

「自分を応援してくれる人なんているだろうか？」

と思う人もいるかもしれません。

しかし、安心してください。

あなたに協力してくれる人は必ずいます。

例えば、自分で仕事をしている人であれば、必ずお客様は存在します。

私のクライアントには数多くの業種の方がいますが、どんな業種、どんな性格の人でも、その人にピッタリのお客様が現れています。

なぜなら、第1章でもお伝えしましたが、人間には相性というものがあるからです。

カウンセラーやコーチをしていたら、その人に合った人がクライアントになります。

保険の営業マンも、気の合う人が契約をしてくれます。

マラソンが好きな人、神社が好きな人、電車が好きな人、高級車が好きな人、ハーブが好きな人、ジャズが好きな人、粘土細工が好きな人など、**好みが合う人が必ずいて、お金を出してくれる人が一定の割合で存在します。**

ですので、私はどんなことでもお金が生み出せると思っています。

また、同じように社内や業界内などでも必ず味方がいます。

同じことを考えている人は、必ずいるものです。

ですので、まず始めることは、目の前の人を無理に説得することではなく、応援してくれるたった一人を見つけることです。

コツは、あまり気負わずにたくさんの人と会うことです。

例えば、私は、自分の主催するセミナーの集客のために、起業して数年はいろんな場所にチラシを配りに行っていました。

やってみると、50人に一人ぐらいは興味を持ってくれる人がいる、という感覚が掴めてきました。

ですので、そういう場所に参加したら、ただチラシを配布するだけで、それ以上は何もしません。**あとは待つだけ**です。

しかし、チラシを見た人の中から1人か2人は、「これ、どういうものですか？」と向こうから聞きに来てくれる人がいます。

このような感じで、たくさんの人に軽く発信をしてみて、相性が合う人を見つけるのが最も効率的な味方の探し方です。

仲間を増やすコツはちょっとした相談

先ほどもお話しした通り、人は人を助けたい生き物です。

ですので、普段からちょっとしたお願いを頼むことで、関係性を築くことができます。

まず、「お知恵をお借りしたいんですけれど」「アドバイスをいただきたいんですが」というふうに相談してみましょう。意見を求められる、というのは相手にとっても簡単にできることですし、尊重されているようで嬉しいものです。

また、**小さなお願いはどんどんしていきましょう。**

・荷物を運ぶのを手伝ってもらう
・迷っていることをアンケートで投票してもらう
・プレゼンの練習を見てフィードバックを行ってもらう

など、本当に小さなことで構いません。

ちょっとでも関わると、人は自分事として感じるようになります。そうしていくうちに、どんどん協力者になってもらえます。

そのお願いが相手にとって負担になる場合は、「お願い」より「相談」のほうが受け入れられやすくなります。

つまり、**「これ、手伝ってくれませんか？」ではなく、「この件、誰にお願いすればいいですかね？」**と相談から入るわけです。

そうすると、相手が自分から、「それなら私がやってあげるよ」と請け負ってくれることも多いのです。人は、他人ではなく自分で決めたことをやりたいからです。

その仕事の意義を自分で語ってもらう

私は大きな講演会を開催する時には、クライアントの方々にボランティアスタッフとして手伝ってもらうことがあります。

その時に気を付けていることがあります。

それは、「どうして手伝うのか？」というのを、ちゃんと自分の言葉で語ってもらうということです。


面白そうなイベントには、みんな元々、「なんとなく手伝いたい」という気持ちは持っています。

しかし、その気持ちをあいまいにしたままだとさほど強い意義を感じません。

ですので、**実際に気持ちを言葉にしてもらうことで、自分でもそれをはっきり認識してもらう**わけです。

「大きなイベントに関わる経験がしてみたいから」

「自分が集客をする練習になると思うから」

「恩返しがしたいから」

「文化祭みたいで楽しそうだから」

など、いろんな意見が出ます。

言った本人も、「自分はこのためにやっているんだ！」と気持ちが明確になりますし、やる気が持続します。

要は、こうやって話してもらうことで、スタッフにもキャラ設定を明確にしてもらっているわけです。

もちろん、リーダーが仕事の意義を伝えることも大切です。

このプロジェクトで世の中がどのように素晴らしくなるのか、ちゃんと語るべきでしょう。

しかし、**何にモチベーションを感じるかは人それぞれ**です。

ですので、メンバー一人ひとりに仕事に関わる意義を自分の言葉で語ってもらうことに意味があるのです。

「断られたくない」は「断れない」とセット

そうやって協力者やお客様を増やしていきたい時に、

「断られたくない」

という気持ちになる人も多いと思います。

しかし、どんなことでも断られるのが普通です。


例えば、みんなが買ってくれる商品なんてありえないですよね。買ってくれるのは話を聞いてくれたうちの10人に１人とか、もしかしたら30人に１人かもしれません。

本当に断られることは普通のことです。


では、なぜ断られるのが嫌なのか？

１つには、**断られると自分が否定されたと感じる**からです。

しかし、そんなことはありません。あなたが誰かのお誘いを断る時も、その人の人格を否定して断っているわけではないはずです。

例えば、私はゴルフはしませんので、仲の良い友達でもゴルフに誘われたら、「ボクはゴルフはやらないんですよ」と言って断ります。

逆に、歌が苦手な人をカラオケに誘っても断られます。

お互いに人格を否定しているわけではありません。

もう1つの原因は、これは意外かもしれませんが、自分が断れないからです。

実は、「断られたくない」と「断れない」はセットなのです。

断れない人は、

「断ったら嫌われる!」

「断ったらこの業界で生きていけない!」

「断ったらとんでもないことが起こる!」

というふうに、想像で恐怖が膨れ上がっています。

ですので、自分が断られることも重大なことにしてしまうのです。

しかし、安心してください。

断ってもほとんどの場合、何も起こりません。

「あ、そう。じゃあ、また」

ぐらいで、ほとんどの場合は話が終わります。

そして、自分がちゃんと断ることができれば、逆に断られた時にも、そんなに落ち込まなくなります。

サラッと断り、サラッと断られる。そこに大きな問題はないのです。

断る練習が人間関係を良くする

そうは言っても断られることが怖いと思う場合は、まずは「断る練習」をしてみてください。

- 二次会を断って帰る
- 飲み会のお誘いを数回に1度断ってみる
- 急にお願いされた仕事を断ってみる

など、小さなことから練習してみましょう。

不思議なのですが、どんどん自信がついてきます。

「断っても何も問題は起こらない」

ということが腑に落ちてきます。

そして、自分が断られることも平気になってきます。


断る練習をする時のポイントは3つあります。

❶ 断る理由を探す必要はない

断る時に、ちゃんとした理由を用意しないといけないと思っている人もいます。

別の用事がないと、お誘いを断れないというのです。

わざわざウソの用事を言って罪悪感を感じるなんて人もいます。


しかし、断る時に大した理由はいりません。

遊びのお誘いなら、

「バタバタでしんどいので」

「今、精神的に余裕がないので」

「カラオケは苦手なので」

ぐらいでも問題ありません。

仕事でも、

「すみません！　ちょっと今無理です」

で良いと思います。

❷ 感じ良く断る

遊びに誘われたら、ニコニコしながら、

「ありがとう。今回はやめとく」

と伝えれば、感じが良いのではないでしょうか。

断るのが問題なのではなくて、断る時の雰囲気がポイントなのです。

「お断りします！」

と強い感じに断ったり、

「ごめんなさい。本当に申し訳ないのですが……」

などと、**深刻に断ったりすると、誘ったほうもものすごく悪いことをしているような気分になりますからね。**

❸ 相手が不快になっても相手の問題

たまに、断った時に相手が不快な顔をすることがあるかもしれません。

しかし、相手の感情をあなたが請け負う責任はありません。

お互いに大人ですので、自分の感情は自分で責任を持ちましょう。

1回でわかってもらおうと思わない

相手に提案や依頼をしても受け入れてもらえなかった時、

「第一印象が悪かったからもうダメだ」
「あの人は話が通じない」
「価値観が違うから仕方がない」
と、1回であきらめる人は少なくありません。

しかし、焦らず何度も伝えてみると、だんだん相手もその気になって、最後にはこちらの意図通りに動いてくれることはよくあります。

営業はまさにそうです。商品の額が大きくなるほど、簡単には購入の決断はしてもらえません。何回も会って話を聞いて、お客様との間に関係性を築いて、やっと買ってもらえるものなのです。

イベントで初めて会った人が私のセミナーに来てくれることもありますが、それはレアケースです。

多くの場合は、いろんな場所で数回会って、SNSでもやり取りをしていて、そのうち相手のタイミングで参加してくれます。

出会って3年後や10年後にセミナーに来てくれるという人も結構いるものです。

お互いに第一印象は悪かったのに、数年経って話してみたら意気投合したなんてこともあります。

社内で企画を通す時なども同じです。

何度か伝えているうちに会社の状況が変わったり、なぜか相手が急に理解してくれたりすることがあります。

そういうものだと思って、気長に、そして気楽に伝えていきましょう。

人を説得するのはエネルギーの無駄づかい

人を動かす時に大事なのは、人を変えようとしないことです。

チームのメンバーは、やりたくないことはやりません。

嫌なら会社を辞める人は多いですし、フリーランスであれば、そもそも仕事を請け負ってくれません。

また、営業マンが無理やりお客様に買ってもらうこともできません。興味のない人に一生懸命に商品を説明しても、自分も相手もヘトヘトに疲れてしまうだけです。

私たちができることは、相手に「その方向に進みたい」という気持ちがある時に、その気持ちを大きくしたり、背中を押したりすることだけなのです。

ですので、相手にその気がないと感じたら、説得などしようとせず、**その分のエネルギーは別のところに使うほうが良い**でしょう。

売れている営業マンは、この見極めがとても上手です。

「この商品、ご興味はありますか？」と軽く聞いてみて、お客様の関心がなさそうなら、スッと引きます。

必要としてくれる人は他にもたくさんいるのですから、他人を変えようとエネルギーを浪費しないのです。

また、いろんな人に協力してもらって、やりたいことを実現している人も、無理に人を動かそうとしていません。協力してくれる人とだけ深く付き合っています。

論破して売れる店員さんはいない

もう1つ、論破もエネルギーの浪費です。

理屈で勝っても動いてもらえなければ意味がないからです。

例えば、服や鞄を買いに行った時に、欠点の部分を尋ねると、「そんなことはない」と論破してくる店員さんからは、やはり買わないでおくことが多いです。

一方で、**欠点があっても気持ちよく買った経験がありました。**

それは、あるお店にジャケットを買いに行った時のことです。

気に入ったものを試着して鏡を見ながら、

「良いですね。でも、綿のジャケットは、テカテカになってくるんですよねえ」

と、店員さんと会話していました。

コットン素材のジャケットは表面が擦れて色あせて、ワンシーズンでくたびれることを経験済みだったのです。

その時、店員さんは、その欠点を認めて、こう言いました。

「はい。そうなんですよね。
ですので、それを踏まえた価格にさせてもらっています」

論破せずに私の気持ちを理解してくれて、その上で価格の適切さを伝えてくれたので、私は抵抗なく買うことを決めました。

相手を動かすためであれば論破は逆効果です。

相手の意見を否定しないほうが、相手を動かせます。

余裕を持って議論から降りよう

逆に、あなたが論破された時はどうでしょうか？

周りはそれを見て離れていくでしょうか？

実際はそんなことはありません。

SNSで議論に巻き込まれた時、私はそれを実感しました。

いくら丁寧に返信しても、相手は論点をズラしたり言葉の揚げ足を取ったりするばかりで、まともにとりあおうとしません。

なんでわかってくれないのかと、イライラが募ってきました。

その時、それを見ていた別の人から、

「変な人にからまれて大変ですね」

というコメントが来ました。

それを読んで、やっと私は冷静になれました。

相手は匿名《とくめい》だし、真に受けていても時間のムダです。

論破されたところで、周りは、「今井は議論に負けたから間違っていたのだ」と判断するわけではありません。

周りの良識ある人たちは、

「あの人、言いがかりをつけてきて、ちょっとおかしいよね」

ぐらいにしか思わないのです。

ですので、そこでわざわざ**同じ土俵に立たず、余裕を持った態度で議論から降りましょう。**

論破するより、大人の対応をするほうが信頼されます。

人を動かすのに「理屈」が必要な場合

論破は必要ありませんが、人を動かすために「理屈」が必要な場合があります。

これは企業や行政など多くの組織に当てはまります。

例えば、法人営業をしていると、

「あなたのサービスは良さそうだけれど稟議を通すのが難しいのです」

「取引実績がゼロなので発注する理由を説明できないのです」

というケースがあります。

感情的には良いと思うけれど、組織として意思決定するには理屈が足りないわけです。

理屈がなく何かを勧めた場合、問題が起こった時には担当者が責任を問われることになるので身動きが取れません。

ですので、組織を動かすためには、**うまくいかなくても担当者や決裁権者が責任を問われないように「理屈」を提供すること**が大切です。

例えば、私のクライアントで、法人向けのコンサルタントの方がいます。

彼は、起業当初はまったくコンサル契約や研修が受注できませんでした。

提案書を見て先方は「良い」とは言ってくれるけれど、「今年度は予算がない」ということで話が進まないのです。

私のところに来てその話をしたので、

「どうせやることがなくて時間があるのなら最初は無料でやってあげては？」

とお伝えしたところ、彼は早速、提案を先方企業に持っていきました。

すると、拍子抜けするほど簡単に話がまとまりました。

無償ならノーリスクなので、うまくいかなくても上司に怒られません。担当者はとても喜んだそうです。

そして、彼はその会社に入り込んで、プロジェクトの指導をしたり、研修を何度か提供したりしました。

そして、数か月後、先方企業から、

「ちゃんとコンサルフィーを払わせてください」

と言われたそうです。

その頃には、その会社での実績もできて、予算を通す理屈もそろったわけです。

これは1つの例ですが、組織を動かす「理屈」としては、実績、他社事例、専門家の意見、数字などが必要です。

もちろん、担当者が「やりたい！」という思いを持っていることが前提です。繰り返しになりますが、理屈だけでは人は動かないわけですから。

他人とはそれなりに付き合おう

人間どうしである限り、相性の良し悪しというのは必ずあります。仕事では、どうしてもソリの合わない人ともやっていかなければならない場合もあるでしょう。

第1章でも触れた通り、すべての人と親友のように付き合う必要はありません。

一方で、合わない相手を完全にシャットアウトするのも違います。

大切なのは「それなりに」付き合うということです。

好きな人とは仲良く、そうでない人とはそれなりに。**0か100ではなく、人間関係の距離感にはグラデーションがある**のです。

例えば、私にはとても仲が良い友達がいますが、一緒に仕事をしようとは思いません。彼の性格を知っているので、たぶんいろいろ苦労すると思うからです。

一方で、仕事はとてもやりやすいけれどプライベートでは遊びに行かないという人もたくさんいます。趣味がまったく違うからです。

友達といると楽しい。
好きな人といるとホッとする。
ビジネス仲間といるとワクワクする。

ですので、特に仕事の場合は、ピッタリ価値観が合わなくても、違うなりに協力すればいいわけです。

人間関係には、それぞれ役割がありますので一人にすべてを求めません。

楽しくやろう、という人もいれば、正しくやろう、という人もいます。

特に、仕事のやり方は人によって違います。細かいところまで自分のやり方を押し付けると嫌がられるので、お互いに尊重し合いましょう。

そうしているうちに、お互い支障なく付き合える距離感がわかってきます。

友達のように仲良くなる必要はありません。

お互いの得意なところで助け合えればいいのです。

嫌いな人でも全否定はしない

たまに、

「悪人にはどう対応すれば良いですか？」

という質問をいただきます。

しかし、厳密には悪人という人は存在しません。ただ人間がいるだけで、その人を「善人」「悪人」と判断する自分がいるだけなのです。

産婦人科でずらっと並んで寝ている赤ちゃんたちを見て、「あの赤ちゃんは善人」「あっちは悪人」なんてわかりませんよね。

例えば、戦争を始めた独裁者は、相手国側から見たら悪人かもしれません。

しかし、その独裁者の親からしたらどうでしょうか？

「あの子は本当は悪い子じゃないんです」

と、そう訴えるかもしれません。

ですので、誰から見ても絶対的な悪人というものは存在しないわけです。

そして、「善人・悪人」「好き・嫌い」で、他人をひとくくりに判断すると、人間関係が狭く苦しくなってしまいます。

私の友人は、歯の治療を受けている時は、「この歯医者さん嫌い！」となってしまうそうです。「治療が苦しい」「歯が痛い」ではなく、相手をまるまる否定してしまうのです。

これは極端な例ですが、対人関係でトラブルがあった時に、その人を全否定するクセがある人は注意しましょう。

心の許容範囲が狭すぎると、あなたに協力してくれる仲間がなかなか増えづらくなってしまうからです。

人は長所もあるし短所もあります。短所からの影響をうまく避けつつ、相手の良い部分と付き合っていきましょう。

もちろん、自分に被害を与えてくる人を、甘んじて受け入れる必要はありません。

毅然とした態度で臨みましょう。

ただし、その時は**相手にも何か理由があるのだろうと一度考えてみてください。**

「罪を憎んで人を憎まず」という日本の言葉がありますが、まさにそれです。

嫌いな人で悩まない一番の方法

身近に嫌いな人や苦手な人がいる時は、何のためにその仕事をしているのか？ その目的を思い返しましょう。

すると、その人のことが気にならなくなります。

私の好きな映画に、『小さな命が呼ぶとき』があります。

この映画の中に、

「君のことが嫌いだったよ」

「僕もだ」

と、笑顔で握手をして主人公と同僚の男性が別れていくシーンがあります。

この映画は、我が子が患った「ポンペ病」という病気を治すために、製薬会社を立ち上げて薬を開発する男性の物語です。

この映画の後半でことごとく衝突する同僚が出てきます。

彼はルールに厳格で、子どもの命を救いたい主人公とは意見が合いませんでした。

とうとう薬を完成させたのですが、治験で子どもに使うために、法的には主人公が役員から外れる必要があり会社を去ることになりました。それがこの握手のシーンです。

私はこのシーンがとても好きです。

この二人とも、ポンペ病の薬を開発するという目的は一致していました。

そのために一生懸命だったので、相手が好きか嫌いかということは関係ありませんでした。対立はしましたが、お互いに自分の仕事をしたまでです。

仕事において大事なのは目的を達成することで、メンバー全員とべったり仲良くすることではありません。

ですので、仕事の人間関係で悩んだ時は、自分のキャラ設定を再確認して、ゴールを明確にしてください。プロジェクトを成功させるため、キャリアを積み上げるためなど、何か目的があって始めたはずです。

目的が明確になればなるほど、苦手な人間関係も減っていきます。

人間関係は単なる制約条件の1つでしかなくなってくるからです。

人はゼロからなんでも生み出せる

「サラリーマンは何も自由にできない」

と会社員時代の私は思っていました。

仕事も上から降ってきますし、何をするにも承認が必要だからです。

しかし、**新規事業を任されてから、考えが変わってきました。**

理屈が通れば予算が出るし、使っていない備品を貸してくれる部署もありました。

いろいろアイデアを貸してくれる人も周りにたくさんいました。

手が足りない時に人を貸してくれる部署もありました。

将来性を見込んで取引先が協力してくれることもありました。

「会社にいるからこそ、大きなことができるんだ」

と思っていました。

そして、起業した時には、

「一人だと何もできない」

と思いました。

会社にいた時のような、実績もブランドもお金も何もないからです。

しかし、研修の仕事を紹介してくれる人がいました。

集客の協力をしてくれる人がいました。

事業をサポートしてくれる人がいました。

そして、千人規模の講演会が開催できたり、毎年100人のクライアントさんが参加してくれる事業を作ることができました。

本も出すことができました。


「一人からでも、大きなことができるんだ」

と思えるようになりました。

結局のところ、会社員でも起業家でも、立場は関係なくやりたいことはできるのです。

ゼロからなんでも生み出せるのです。

ただし、そのために必要なことがあります。

それは繰り返しになりますが、自分の思いを明確に言葉にすることです。

「私はこれがやりたい！」

という強い思いは必ず伝わり、周りが協力してくれます。そして、**協力してくれる人とつながることができれば、ゼロからでも人の力を借りてなんでもできる**のです。

思いは育てるもの

人を動かすのに「思い」が必要だというものの、

「私は、そこまで思いが強くない」

「すぐに、もういいやと思ってしまう」

「生まれつき思いが強い人が羨ましい」

という方も少なくありません。


ダイエットしようと思っても、痩せなくてもそんなに問題ないし……。

海外旅行に行きたいけれど、でも、行かなくてもいいし……。

起業したいと思っても、しなくても生きていけるし……。

「絶対にやるぞ！」というまでの思いがないわけです。
しかし、安心してください。最初から思いが強い人はいません。
情熱的な目標が急にやってくるわけではありません。どんなに意志が弱い人でも、
徐々に思いは育てていけるものなのです！

例えば、「起業できたら良いな」ぐらいの「小さな思い」を自分の中に見つけたら、

それを優しく、ゆっくりと、大事に育てていきましょう。

「どうして起業したいのか？」
「起業したらどんな良いことがあるのか？」
「起業を通じてどんな自分になりたいのか？」
「すでに起業している憧れの人は？」

など、**自問自答しながら、じっくりと育ててみてください。**

半年かかっても1年かかっても良いと思います。

そのためにも、もう一度70ページのキャラ設定を振り返ってください。

いつもここがスタートです。なぜなら人はありのままの自分からしかスタートできないものだからです。

そうやって強い思いを手に入れたあなたは、どこに行っても堂々としていて、たくさんの人に応援されていることでしょう。

おわりに

本書を書くプロセスは、私自身のことを深く掘り下げる機会になりました。シリーズ前作である『誰でもできるのに9割の人が気づいていない、お金の生み出し方』でも書きましたが、私の起業1年目は数百万円の赤字で自信を失い、どんな場所に行っても居場所がない気持ちになっていました。

経営者の集まりに顔を出すと、売上規模が大きい人に萎縮してしまいます。

著者の集まりに行くと、発行部数の多い人に圧倒されます。

ネットで活躍している人の集まりに行くと、フォロワー数の多い人を羨望の目で眺めます。

ジムに行けば、鍛えられた肉体の人を見て落ち込んでしまいます。

社会貢献の団体の集まりに行くと、売上ばかり気にしている自分を振り返り、なんて小さな人間なんだろうと自己嫌悪したりします。

どこに行っても他人と比較をして、どんどん自信を失っていくのです。

こう書いているうちに、そういえば中学時代は部活に入るきっかけを失って、3年間帰宅部で過ごしたことを思い出しました。

私の本質は、その頃から変わっていません。自信がないくせに見栄っ張りで、それが原因で自分から居場所を失ってしまう人間なのです。

自信が持てないというのは、今思うと、自分自身を「何者でもない」と勝手に下げてしまっているからでした。

そして、起業2年目からは自分の商品を売ることをあきらめて、講座の主催者という裏方に回ることにしました。

そうやって結果が出せない自分を受け入れて、自分のやれることをやろうと思ったら、不思議なことに、だんだんと居場所ができてきました。

参加者から、「こんな講座をやってくれてありがとう」と言ってもらえた時は、涙が出るほど嬉しかったです。

そして、何者でもない自分にも役割があるということを感じるようになってきてからは、応援してくれる人とのつながりが徐々に増えてきました。

自分は他の人とは違う経験をしてきた唯一無二の存在だし、担うべき役割は他の人とは違います。ですので、自分の持ち場でやれることをやれば良いのだと気づいたのです。

すると、だんだんと人間関係の悩みがなくなってきました。

もちろん、今でも格上の人に緊張することもありますが、その時は自分という人間を思い出すようにしています。本文の言葉で言うと「キャラ設定」です。

そして、もう1つ気づいたことは、人間は基本的には良い人ばかりだということです。

私の人生は助けられてばかりでした。

会社員の時は、お客様に育ててもらいました。

起業してから、お願いしていないのに私のイベントを告知してくれる人がいました。

セミナーを友達に紹介してくれる人もたくさんいました。

私の本をたくさん買って広めてくれる人がいました。

そうやって、多くの人に応援してもらいながら、本を出版し、千人規模の講演会でも話をさせていただけるようになりました。

自分の役割を淡々とこなしていれば、多くの人とつながり、応援してもらえるのだというのが私の実感です。


本書で伝えたかったことは、あなたにも大切な役割があるということです。

それは他の誰にもできないものです。

「すごい人」になってから、その役割を果たすのではありません。

今のあなたに、すでに大切な役割があるのです。

その役割を生きていれば、自然にあなたの居場所ができ、周りからは認められ、たくさんの人から応援されていきます。

たとえ、あなたが口べたであっても、その生き方は伝わるのです。

今回、あなたのためにささやかなプレゼントをご用意しました。

今までたくさんの方々が、本書で紹介したキャラ設定をすることで、自分は何者かということを明確にし、その先に自分らしい役割を見つけ、周りの人たちに貢献しています。そして、多くの人に感謝され、お金という形で報酬を受け取る人もいます。その事例集をプレゼントします。

あなた自身の大切な役割を見つけるヒントにしていただければ幸いです。

巻末にダウンロードのための情報を掲載しておきますので、ぜひ受け取ってくださいね。

最後になりましたが、シリーズ第2弾も担当していただいた編集担当の木田明理さん、そして、さまざまなご尽力をいただいた幻冬舎の皆さまに心から感謝申し上げます。

また、本書のアイデアや内容を整理するためにご協力いただいたクライアントの皆さま、本当にありがとうございます。皆さまのアドバイスのおかげで本書を完成させることができました。

そして、この本を手に取ってくださったあなたへ。

本書を通じてあなたと出会えたことに心から感謝いたします。

あなたはまだ、ご自身の中にある思いやご自身の役割に気づいていないかもしれません。

しかし、それは必ず見つかります。

そして、それが見つかった時には、あなたの周りは応援してくれる人でいっぱいになっていることでしょう。

いつかどこかで、自分の持ち場で活き活きと役割を果たしているあなたと直接お会いできることを楽しみにしています。

今井　孝

特別な
読者プレゼント!

自分が好きになる!
人やお金からも愛される

「お金も自信も手に入ったキャラ設定事例集」

ダメだと思っていた自分の過去や特徴が、実は価値だったと気づき、活躍できる場所と、さらには豊かさを手に入れた人たちがたくさんいます。

どんなキャラ設定によって、そうなれたのか？　先輩たちがお金も自信も手に入れた「生の事例」をプレゼントします。

- ✓ 自分にどんな役割があると思えた?
- ✓ 今の自分のままで自信を持てた理由は?
- ✓ 唯一無二の存在価値とは?
- ✓ 苦手だった人はどう変わった?
- ✓ どんな思いが周りを味方にしたのか?
- ✓ 自信を手に入れて世界はどう変わった?

などなど、多種多様な生の事例をご紹介します。

ダウンロードはQRコードか
以下のURLにアクセスしてください。

https://www.carriageway.jp/character/

Profile

今井 孝（いまい たかし）

株式会社キャリッジウェイ・コンサルティング代表取締役。

3万人以上に、ノウハウや考え方を伝え、起業への最初の一歩を導く。マーケティングとマインドに関するさまざまな教材も製作し、累計3000個以上購入されている。


「今井さんの話を聞くと安心する」「自分でも成功できるんだと思える」「勇気が湧いてくる」と、その話し方・伝え方はたくさんの起業家の支持を集めている。

著書『起業1年目の教科書』（かんき出版）は5万部を超えるベストセラーとなり、シリーズ化もされ、累計10万部超。

他の著書に『誰でもできるのに9割の人が気づいていない、お金の生み出し方』（小社）などがある。

公式サイト　https://carriageway.jp/

誰でもできるのに
9割の人が気づいていない、
話し方・つながり方

2024年2月10日　第1刷発行

著　者　今井 孝
発行人　見城 徹
編集人　福島広司
編集者　小林駿介
発行所　株式会社 幻冬舎
〒151-0051 東京都渋谷区千駄ヶ谷4-9-7
電話　03(5411)6211(編集)
03(5411)6222(営業)
公式HP：https://www.gentosha.co.jp/
印刷・製本所　中央精版印刷株式会社

検印廃止

Printed in Japan
ISBN978-4-344-04231-5　C0030

この本に関するご意見・ご感想は、
下記アンケートフォームからお寄せください。
https://www.gentosha.co.jp/e/